不懂销售你就自己跑断腿

顶级销售的27个黄金法则

林有田 著

北京联合出版公司
Beijing United Publishing Co.,Ltd.

图书在版编目（CIP）数据

不懂销售，你就自己跑断腿：顶级销售的27个黄金法则 / 林有田著. -- 北京：北京联合出版公司，2017.1
ISBN 978-7-5502-9523-0

Ⅰ.①不… Ⅱ.①林… Ⅲ.①销售–基本知识 Ⅳ.①F713.3

中国版本图书馆CIP数据核字（2017）第007281号

著作权合同登记号　图字：01-2016-9646
不懂销售，你就自己跑断腿 © 林有田
本书简体版通过成都天鸢文化传播有限公司代理，经由时报文化出版公司独家授权，限在大陆地区发行，非经书面同意，不得以任何形式任意复制、转载。

不懂销售，你就自己跑断腿

作　　者：林有田
总 发 行：北京时代华语图书股份有限公司
出 品 人：唐学雷
责任编辑：管　文
封面设计：仙　境
版式设计：姜　楠

北京联合出版公司出版
（北京市西城区德外大街83号楼9层 100088）
三河市宏图印务有限公司　新华书店经销
字数180千字　　700毫米×1000毫米　1/32　　7.5印张
2017年3月第1版　2017年3月第1次印刷
ISBN：978-7-5502-9523-0
定价：38.00元

未经许可，不得以任何方式复制或抄袭本书部分或全部内容
版权所有，侵权必究
本书若有质量问题，请与本社图书销售中心联系调换。电话：010-83670231

作者序

谨记"做中学、学中做"

还记得当年做内勤工作,绩效特优,被拔擢当上主管,刚上轨道的时候,总经理发现我很有干劲,又爱学习新业务,具备成为顶尖业务员的基因,所以被硬押着去做销售工作。刚开始,主管要我做陌生客户开发,但这偏偏正是我的"死穴",尤其是对于生性害羞的我,要鼓起勇气拜访陌生人,甚至还要向他推销商品,令人一想到只觉得头皮发麻,我甚至有两次丧气到想辞职不干了……但最后几经周折,还是留下来继续努力。为了要冲业绩,我开始从亲朋好友下手,也就是业务圈常说的"缘故客户"开发,而在熬过新手撞墙期后,我终于明白没通过陌生客户开发这个试炼的业务员,就称不上是合格的业务员!

回想我当年推销的商品还是相当专业的医师处方药,第一次跑医院时,想到要推开各院所的那道厚重大门,那种心

理压力,就好像走上了断头台。而由于当时几乎没有什么人生历练,不知道如何在短时间内和客户混熟,加上害怕被拒绝,所以曾有一段时间,整个人出现许多不适应症状。

新人最害怕被拒绝,如何减低被拒绝的机会,我跟大家分享自身经验:被拒绝一次,那就再拜访一次,如果是重量级的人物,那么至少要拜访十次才行。只要是人都嫌麻烦的,对于陌生的人拜访,总觉得是能免则免,这是人之常情。我记得自己当年拜访的第一家客户,正是台北一家大医院处方药品的总供货商,头几次拜访对方时,厂商甚至还当面教训我说:"业务不是这样做的,资料要这样准备……"但如今这位客户,当年就是因为感受到我的勤快和用心,最后甚至把全年近两亿新台币的订单全数交给我。

新人前三个月的业绩总是惨兮兮的!全然没接触过业务工作的新人,要在自己工作领域中有稳定的业绩,平均都要半年以上的磨合。

心态决定一切,切勿自满畏缩

没有业务员能够跳过业绩挂蛋的撞墙期,在这个认真打底和进一步破茧而出的阶段,每位新人都不要太过心急,按

● 谨记"做中学、学中做"

部就班地学习就好。不只要学习必胜的销售技巧，更要培养正确的心态，强化专业基础知识，养成良好的沟通和表达能力，锻炼挫折耐受力，为日后展翅高飞做好准备。

心态决定一切！你必须要调整好心态，否则即使再多努力，热情也会很快就消耗殆尽。另外要懂得放空，切勿自满，不要觉得自己什么都会了，许多新手不屑于从基础学起，总觉得这个已经会了或那个太简单所以不需要学习，须知唯有谦虚，放下身段从初级阶段开始学起，才能有好业绩。

还有一些新人自作聪明，会擅自跳过某些部分，或是按照自己的方法做，这根本就是自找麻烦，这种劣根性从一开始就要铲除。我认为刚起步的新人一定要遵照公司的SOP做事，运用公司教育系统的资源，才不会沦入还没起飞就不幸阵亡的窘境。再者，新人要善用企业"母鸡带小鸡"的教导方式，一般来说，公司都会安排资深业务员带着新人一起跑客户，这时，新人务必要听从前辈教导，用心学习他们的正确观念和成功经验。

销售和沟通的秘密？

你的烦恼是，如何快速找到客户，说服他买下你的产品和服务？如何和客户沟通，劝诱他们购买，进而让你荷包满满？我的经验告诉我，最好的办法之一就是学中做，做中学。要如何学习，方法自然不少，当然，你可以参考本书的内容，一边学习，一边实践，让自己更上一层楼。

选择比努力重要，本书是我从事营销和培训三十年的实务经验总结，我以不藏私的态度，传授具有黄金销售力的沟通技巧，内容浅显易懂，更能即学即用，加上案例非常丰富，具有启发性，阅读起来倍感轻松有趣，只要按部就班执行，就能轻松学会快速签下订单和赚钱的技巧。

如果你想复制 Top Sales 成功的经验去复制钞票，没有比去读这本书更快的方式了。你是要买张电影票娱乐自己两小时，还是花一张电影票的代价买下这本书并且好好阅读，充实强效的沟通说服的能力，一辈子受用无穷？这就由你自行决定吧。

林有田

推荐序

业务工作者在职进修的首选

成功的企业家说:"成功需要销售能力,它可以令你快速致富!"

据了解,超过百分之五十以上的老板是从业务员做起,这些案例激励了许多年轻人纷纷投入业务工作。

事实上,业务并不好干,除了要耐得住风吹日晒雨淋,还要能够接受民众的冷眼看待,对业务员来说,每个case都是一次严厉的挑战,需要付出极大的努力,才能得到客户的信任,当然这也是赢得胜利成果,累积大量财富的基本条件。

虽说从事业务工作能迅速累积大量财富,但在各种形态的工作中,最容易遭受挫折的工作还是做业务,因此,从事业务工作的人,身上如果没有一些真功夫,单凭口才和沟通本身,实是很难成大器的。

但要想成为顶尖业务员,除了要具备适合的人格特质外,更要用对方法做事,例如找对人、懂得长话短说、凡事讲重点等,这当中,若没有具备一定程度的表达和沟通能力,肯定很难取得成功。

现在,我郑重推荐林有田博士这本著作给大家。这本书是林博士经营业务课程长达三十年的心血结晶,其中包括无数成功案例的珍贵心得和实战守则,绝对是业务工作者在职必修和充电、培训的首选材料。最重要的是,读完之后你会发现,即使你不是业务工作者,一样好用。

"台北市青年创业协会"理事长

宋京达

作者序·谨记"做中学、学中做" / 001

推荐序·业务工作者在职进修的首选 / 005

CHAPTER ONE　让自己的话语富有感染力

85%的成功，来自完美的沟通 / 002

凡事多往好处想，自可心想事成 / 009

回归极致美好的消费体验，掳获客户芳心 / 017

带着无限大的自信，走进人群 / 027

把自己看成是一颗钻石 / 036

持续正面思考，才能有效沟通表达 / 044

CHAPTER TWO　快速打破僵局的交谈

唯有倾听，才能打开防备心门 / 052

赞美——满足人性最强烈的渴望 / 060

要有听出弦外之音的本事 / 069

缺乏热情，你的魅力如何展现 / 075

完美的"第一印象"有助沟通 / 082

CHAPTER THREE　深深打动人心的说服

说故事正是我的强项 / 094

催眠式说服,让每个人都愿意跟你做生意 / 099

善用暗示的力量 / 105

说服的大忌:害怕被拒绝 / 114

激发认同感,把握瞬间成交的良机 / 121

想象使用产品的美好,强化说服力的六大技巧 / 130

CHAPTER FOUR   完美解决问题的响应

善用引荐策略,产品卖翻天 / 140

给我一个"消费的好理由"就对了 / 148

将心比心,才可能做好一门生意 / 156

先建立"我跟你"的友好关系,再谈生意 / 163

嫌货才是买货人,应对功夫讲技巧 / 170

CHAPTER FIVE　发掘真正有价值的提问

别猜了，顾客的需求是问出来的 / 182

"问十遍，成交九次"的关键 / 189

先问出反对意见，再说服客户 / 197

回答顾客的难题，需要软磨硬泡的耐心 / 207

销售佳绩的必修课：一流的口才 / 214

CHAPTER ONE
让自己的话语富有感染力

你不喜欢接触陌生人,对于开发客户会感到恐惧吗?

总是费尽唇舌介绍商品,业绩却无法提升吗?

别担心,业务营销是有方程式可以套用的,只要掌握成功的沟通技巧,自然能达到目的。作者集结许多生活工作案例和实战经验内容,教你如何展现你的影响力和说服力,随时都派得上用场。想要快速重塑个人形象,充分发挥自己的表达力,利用本书五个黄金对话术,让你沟通无碍。

85%的成功,来自完美的沟通

将热忱与经验融入谈话中,是打动人心的速效方法,也是必然要件。若你对自己说出口的话都显得兴趣缺乏,那又怎能期望他人被你感动……

——戴尔·卡内基

销售为何总是碰钉子?为何客人听完我的解说之后还是不肯买单?不论你是新手或菜鸟,还是业绩始终不尽理想的业务员,若出现上述这些状况,可能都是因为沟通出了问题!

业务员所该具备的能力很多,我将沟通列为第一重要的选项。因为业务工作是一种人与人之间的沟通—说服的过程!业务员要想将客户的不懂、不想要、不急、不需要的观念,转变为我懂、我要、我急、我需,就需要沟通这项技巧。你可以不是帅哥、美女,人脉资源干枯,甚至是专业知识不足,但无论如何一定要会沟通,不信的话不妨去看看那些顶级销售怎么运用沟通技巧!

● 85%的成功，来自完美的沟通

想当超级业务员，你准备好了没？

大家多半都认为个性外向的人最适合跑业务，所以会出现"你口才那么好，应该可以去推销产品"或是"你的人缘那么好，认识那么多人，去做直销最好了"诸如此类的说法，然而往往直到当上业务员以后，方才恍然大悟这些特质根本无法帮助你成交。能言善道的人，即使跟客户介绍产品时口沫横飞，但却无法点出成交的关键词，打动对方；人缘好的人，其实只是个性好相处，但是真要到处推销商品，自己可能就难以启齿……其实，个性外向有时只是喜欢到处乱跑，若是遭到客户拒绝，恐怕便很难再次鼓起勇气继续拜访了。也就是说，这些人若真的从事业务工作，结果通常是以业绩太差而收场。

那么，个性内向的"宅业务员"又会是什么模样呢？我们知道，业务的工作就是推销，希望别人买你的产品，所以吃闭门羹自是家常便饭。而宅业务员因为在生活上不喜欢呼朋引伴，加上缺乏口若悬河的能力，当被人拒绝后，往往就很难再次主动出击，因此一旦从事业务工作，自然也很难磨出好业绩。

所以,想要当超级业务员,你就要大胆走出门,广交朋友,练就一身沟通的好本领,这正是成就超级业务员必须跨越的一道门槛。

欠缺当面沟通的能力,容易被淘汰

之前,我曾经带过一名整天流连在网络虚拟世界的菜鸟业务员,他的笔战能力很强。使用电子邮件和客户沟通,表现相当出色,也十分勇于表达意见,建议书、计算机试算、需求分析图表等数据都准备得相当齐全,也擅长找寻各种佐证资料来强化自己的见解。

从文字表达能力来看,他确实是一位积极又强势的沟通者。但是回到讲求人际关系和亲和力的现实生活里,开始需要和客户当面沟通时,问题就来了……对方一说话他就东张西望,有时甚至低头来个相应不理。面对客户提问则是面无表情,客户提出质疑,他就来个双手一摊、毫无意见。总之,从表情、语言、语调、手势各方面来说,他的沟通能力完全不及格。

有一次,某重量级企业集团王总经理来访并一起用餐,

· 85%的成功，来自完美的沟通

这位菜鸟业务员除了谈论一些专业知识外，就只会埋头吃饭。一个在网络虚拟世界文采精湛的人，回到真实世界里竟变成言语鲁钝的宅男。

餐后，王总经理不断询问我，这位同事是不是有什么问题，甚至对他有一点不满。当下我自然十分尴尬，唯有不断道歉，实在哑口无言。之后，果然没多久，他便向公司提交了辞职信……

85%的沟通＋15%的专业＝成功

在这个沟通至上的时代，说起人与人之间的关系，实在没有什么比沟通这件事更重要了！

父母和子女之间若有代沟，出现鸡同鸭讲的对话，那就要好好沟通了。情人或夫妻之间若有鸿沟，形成各说各话的局面，那也要好好沟通。亲朋好友之间产生误会，走到老死不相往来的地步，这更需要好好沟通。而业务和客户之间若无法交流、交心，不能沟通，那自然更是无法做到成交。

我认为：成功来自于85%的沟通能力加上15%的专业知识。

首先我们要知道，沟通是一种乘数的效果，你的观念、创意、事实、情感、点子及真功夫若要发挥到极致，那自是得靠沟通才行。许多事情往往就败在双方沟通不良，进而导致前功尽弃。

言语激发的力量

沟通，简单地说就是把某个观点从一个头脑转移到另一个头脑的过程。你也许拥有比尔·盖茨那种奇特无比的观念，但若无法把你的观念灌注到别人的头脑里，那么就算是再了不起的观念，也还是没什么了不起。你也可能拥有爱因斯坦那份伟大的思想，但如果不能把自己头脑的观点转移到别人头脑，纵使你有多么独特的思想，结果还是没戏唱。而当你可能拥有发明大王的创意点子，却不能透过沟通来传达你的创意时，那么，你终究成就不了什么事业。

沟通就好比通电一般，能让双方在一瞬间产生对流，进而激发出无限的能量。丘吉尔、罗斯福、里根和富兰克林等名人都曾被誉为"最伟大的沟通专家"。这群人多半认为沟通并不是把事情说好就行，而是努力去激发他人来一同响应。

● 85%的成功，来自完美的沟通

前英国首相丘吉尔了解英国人骄傲心理的根源，他用言语激发人民起来对抗纳粹者的狂轰滥炸，进而阻止了德国人把伦敦夷为平地的计划。

前美国总统里根则说：人生成功的秘诀，在于你能够驾驭群众。是的！最高明的沟通在于透过别人的嘴巴或行动来证明自己的观点。它并不是把观念、思想反复叙述千万遍，最后却沦入对方"左耳进，右耳出"的窘境，而是在于能全力激发对方欣然接受你的观点，进而仿效之。

引燃沟通的火花

现代人几乎每天都要与他人沟通观念、思想、情感、需要……如果可以把它做得尽善尽美，我们就能让工作变得更有效率，生活悠游自在，快乐而且更有意义；如果做得牛头不对马嘴，你的日子就只好在被人嫌弃、误解、心情郁闷中凄惨度过。

事实上，每一个伟大的观念、建议、企划、想法都是一座蕴藏无限能量的发电厂，只要引燃沟通的火花，你的人生必定能够发光发热，活得更有价值且获得无限的尊荣。沟通

是业务员必修的一堂课,虽然每天发生的状况会因人而异,但基本的道理绝对是相同的,只要了解这些技巧,自然能够轻松应对,得心应手地拿下订单。

凡事多往好处想,自可心想事成

一个朝着目标前进的人,整个世界都会给他让路。反之,失败不是因为缺乏实力和机会,而是我们很容易受环境左右,习惯于随波逐流,缺乏主见,心态不稳定,容易挫折和沮丧的缘故。

——埃默森

社会新鲜人若想投身业务工作,那么你必须对于即将投入的事业非常感兴趣,并且热爱学习、重诚信、懂得察言观色、拥有沟通能力且抱持乐观态度,才能成为顶级销售。

我们都知道心态决定一切,而我认为乐观的心理素质更是关键所在,因为这种人即使遇到再严重的问题,他都能以好事马上会出现而愿意撑到最后,然后轻松谈下一笔生意。

对于需要通过大量沟通技巧来成就工作的业务员来说,即使熟知产品特性与专业知识,甚至具备炉火纯青的说服力,

但为何业绩老是欲振乏力？原因很多，其中一个可能就是他们少了一些乐观的性格和态度。如果打从心里就不相信自己今天能够说服小气巴拉的家伙，或恶名昭彰的顾客下单，那么就算你拥有再好的产品都肯定卖不出去。

请记住：销售路上起伏重重，乐观接招方可有益沟通！

谈判技巧比心态更重要

某位知名演说家曾经说过：乐观是什么？乐观就是转换心情，走出不愉快的阴霾，并且寄希望于明天，尽全力在今天！

还记得自己刚从事业务的头半年，每天上班时总会遇到根本想象不到的拒绝和批评，我相信这些也是所有业务员的共同难题，当时的我根本不懂如何对自己进行自我催眠，也没有精力跑到海边去大吼大叫，更没有呼朋引伴去夜店喝一杯来纾压，借此排除负面情绪，我心里只想着过去拿下业务冠军奖杯的当下，我用这样的方法度过了前三个月，进而发现回想成功纪录正是一种乐观心态的养成方法，帮助我摆脱悲观的情绪，得以有勇气继续挣扎下去，积极处理各种拒绝和批评，最终赢得好成绩。

● 凡事多往好处想，自可心想事成

从这个实战经验中，我发现一个销售人员最重要的特质就是乐观。乐观就像救生圈一样，当你快要沉到海底了，只要你手中掌握着这一个救生圈，它就能助你继续挣扎下去。

没有乐观的性格，遇事难顺利

曾在一本书中读过一则历史轶事：据说乾隆年间，有位秀才进京考科举，两次都没上榜，这回再次赶到京城，住进一家客栈。考试前三天，他做了三个梦，第一个梦是梦到自己在墙上种白菜，第二个梦是当时下雨天，他戴着斗笠还打伞，第三个梦则是梦到自己跟心爱的表妹脱光了衣服躺在一起，但却是背靠背……

这三个梦感觉起来似乎都有某些含意，秀才醒过来之后，就赶紧去找算命师父解梦。算命的一听，连拍大腿说：你还是放弃吧！你想想，高墙上种菜不是白费劲吗？戴斗笠打雨伞不是多此一举吗？跟表妹都脱光了躺在一张床上了，却背靠背，这不是没戏唱吗？秀才听罢，当下感到心灰意冷，立即回客栈收拾包袱准备打道回府。

店老板见状觉得非常讶异，忙问：不是明天才考试吗？

怎么今天你就准备回乡了？秀才这时就把做的梦境与解梦师父所说的事情全部叙述了一遍，没想到店老板听了之后兴高采烈地说：哟！我也是解梦高手唷。我倒觉得你这次一定要留下来。你想想，在墙上种菜不就是高中吗？下雨天戴斗笠又打伞，这不正是说明你这次肯定要冠上加冠吗？至于跟你表妹脱光衣服背靠背躺在床上，这不就是在暗示你翻身之日不远了？

没想到此番话让秀才振奋不已，于是精神奕奕地参加科举考试，也果然高中探花。

这则故事告诉我们的是：很多时候我们不是输给了竞争对手，而是输给了自己，在与竞争者一争高下时，我们提供的企划书、解决方案和综合实力不是没有赢的希望，而是由于悲观心态，自己就先败下阵了。因此，无论在任何领域做竞争，若欠缺乐观性格，往往很难成事。因为拥有乐观性格者，绝对不会因稍微领先一步便得意忘形，也不会在受到挫折时悲观绝望，更不会因客户的无礼拒绝而垂头丧气，自然也不会因为无法完成任务而怨天尤人。

● 凡事多往好处想，自可心想事成

利用乐观心态进行沟通

忘却困境的人，才能渐入佳境！沟通有时是一个既缓慢且需要协调的过程。悲观则是一种消极颓废的性格和心境，想想看，如果你预先抱持着悲观的心态，就会容易陷入悲伤、烦恼、痛苦之中，在困难面前一筹莫展，进而放弃。如果用这样的心态去与人沟通，会很容易得到负面的结果。

情绪是具有感染力的，乐观和悲观更是一种心灵的力量，每个人都可以自由选择，成就自己变为乐观或悲观的人。我记得自己在做业务工作后不久，便发现乐观就是业务员最重要的特质。

抓住沟通时的救生圈

以下六个魔法真的很神奇，它们能帮助你达到事半功倍的沟通效果。你不必同时采用，只要从中挑选几项觉得适合自己的即可。要成为拥有乐观救生圈的人，那么在面对拒绝和挫折时，一定要相信这只是暂时的，不代表永无生机；更重要的是，这跟个人成败毫无关系，千万不要怨天尤人。这

有点像"吸引力法则",只要你相信好事一定会发生,那么不但心情会轻松许多,成功看起来也不会好似远在某个外层空间星球上。

  1. 想象局势会愈来愈好。碰到沟通不良的状况时,要假想它对未来影响不大,只是暂时、局部性的问题,而且一定有办法解决。这样一来,就很容易找到可以有效沟通的正面结果!

  2. 告诉自己其实没这么糟!沟通不顺利这件事既已发生,那么你不妨告诉自己这件事并没有想象中这么糟糕!这个方法听起来有点老土,但其实还蛮管用的!

  3. 马上检讨败因,改进沟通方法。一旦碰到失意和挫折,善于检讨失败的原因,找到问题,改变沟通的对象、地点、内容和方式,而非固执地沟通下去,或以无所谓的态度从失败走向失败。

  4. 盘算自己的福气。遇到问题或陷入绝境时,千万不要盘算自己究竟有多么不如意,反过来应该是感恩与检讨,如此一来反而能够从中找到机会,看到希望,顺利找到解决的方法。

  5. 改变你的习惯用语。不要说:真倒霉!又被拒绝了!

• 凡事多往好处想，自可心想事成

而是要说：好运马上就要到了！千万不要说：他们怎么能说价格太贵，没诚意！而是要说：我知道应该怎么处理了。

6. 确信否极泰来。相信凡事走到低潮之后一定会反弹，再现高潮，确信否极泰来，凡事都有峰回路转的可能。尽量采用正面诠释的方式，帮助自己从失败中迅速再站起来。

经常保持乐观以对的心情

乐观开朗的心态需要长期不懈的学习，它就像一种熟练的技艺，手到自然心到，很快就会变成习惯。就像我们打高尔夫球一样，你可能在某个时刻打了一两杆好球，便自以为相当娴熟于这项运动，但是在下一个时刻，你却可能连球都击不中呢！因此，我们需要借由每一次失败来临时的学习，克服自己的悲观习惯，随时将自己调整为朝向正向思考的行为模式。

有人说：命好不如心态好！是的，乐观就是一种好心态，身为业务员，不管外在情况多险峻，只要我们一直保持乐观以对的心情，使它成为一种打开心灵之门、增进业绩智能的好习惯，订单一定会涌过来！

永远要记住,挫折是上天给予我们最珍贵的宝藏,而乐观正是打开这个宝藏的钥匙。

√ 这样做就对了!

1. 只要改变对情境的想象方式,就可能改变心情、沟通技巧、解决方法和绩效!

2. 拥有乐观救生圈,让自己永远能浮起来,求新求变!同时也要小心过度自我膨胀!

3. 培养一定的韧性,在遭遇挫折后还可以坚强地让自己重新站起来。

回归极致美好的消费体验，掳获客户芳心

由于产品日益同质化，传统的营销方法已无法满足多变的消费族群，营销人应借由提供深具感染力、创意性及感官上的体验与沟通，深化顾客对产品的亲切感，才能说服消费者。

经济萧条，唯有靠着感动营销深耕客群，拉开竞争差距，才能有效解冻和赢得消费者的芳心。

无论科技多么进步，社会如何进步，每个人内心都有对于人性的渴望。然而现代社会缺乏历史传承的使命，诚信崩塌，传统遭丢弃，社会凝聚力欠佳，只是时局再怎么不济，我们始终需要回归人性，故而也特别容易被人性所感动，因此，通过体验营销的沟通方式来感动对方，赢得消费者的心，这是一个解方。

"体验经济"时代来临

曾有一位医学美容公司董事长问我："同行削价营销，

导致价格紊乱,大家都赚不到钱,要怎样做才能找到出路?"我回答他:"不妨试一试体验营销吧!"

我认为现在已进入"体验经济"的时代,因为这是顺应"以人为本"时代大潮的产物,在服务经济时代,产品是企业提供服务的载体,服务才是企业获得利润的主要来源。由于医学美容服务是一种情感密集、情感传递、情感交融、情感互动的产业和行为,医学美容服务或许有价,然而感情却是无价的,一段美好的交流、沟通和服务体验,都可以让整套服务瞬间增值。沟通和服务这种特殊的纽带作用,成功决定了医学美容处在体验经济的第一线,可说是消费体验最敏感的区域。

因此,要吸引更多消费者上门消费,专业的服务人员不仅是服务的说明者、提供者、承担者,更是双方情感的沟通者和传递者。而沟通的过程,一方面可通过员工将企业的情感、价值、理念传递给顾客;另一方面又可以把顾客的满意、情谊、感受通过服务人员回馈给企业。这种相互沟通的行为,既可让服务升级,也能让服务进入一个新境界,引导消费者快速下单。

如果我们能够将心比心,真诚沟通,让客户拥有一份极

● 回归极致美好的消费体验，掳获客户芳心

致而美好的消费体验，成功拿下订单自是必然的结果，不讲技巧、算计，最需要的是放下偏见、主观意识，一心只想展现最佳服务的热忱，重视客户的感觉，发自内心的服务态度，甚至超越客户原有的期望，这就是一场成功的沟通。

如果我们把沟通对象与我们之间的关系，当成是让客户拥有极致且美好的体验，对方自然愿意下单，甚至一而再、再而三地光顾。但是，满意的顾客从何而来？答案之一就是，必须设计与提供美好的消费经验或独特的服务，让客户感动和满意，激励他持续消费下去。

感动营销，创造幸福

有一种营销模式，产生在双方关系开始之前，并于双方关系开始时，就先给你一个直击心坎的感动，试问：你会不会想买下它？

这就是感动营销。

感动营销是一种情感的深度沟通方式！

何谓"感动营销"？简单地说就是在服务过程中，你必须与顾客建立起双向的互动交流，加入关心元素，配合一些

简单的赞美、话术或动作，让客人在无意间接收到你的用心、体贴、感恩，进而感到幸福及喜悦。这是一种借由提供深具感染力、创意性及感官上的体验与沟通，深化客户对你和产品的亲切感受，才能让客户回头再找你，并且进一步建立起彼此的忠诚度与向心力，这种方法就是感动营销。

有心、用心、细心、真心、诚心

市场不景气，生意不好做，我突然想起公司对面那辆卖咖喱饭的发财车，小贩其实每天在做的就是感动营销。因为这辆发财车永远停在同一个地方，平日中午时间，购买午餐的人总是大排长龙，生意好到令旁边的摊贩眼红。据我侧面了解，老板成功的原因之一，正是因为他深谙感动营销的重要性。

我经常光顾这家发财货车的小贩，除了因为就在公司斜对面，贪图方便之外，最主要是永远记得第一次去买咖喱饭的美好体验，还记得当时已六十岁、头发斑白的老板问我：我看你个子蛮高的，需不需要多加一点饭？

我问他：要加钱吗？

● 回归极致美好的消费体验，掳获客户芳心

老板说：不用啦！加半碗好吗？

我说：太多了，吃不完，四分之一就够了！

老板说：你真是环保爱地球喔！先给你四分之一，不够下次再跟我说。

等我第二次去，老板直接问我：上次四分之一够吗？

我说：OK！

接下来几次他每次都记得我，甚至还会直接跟我说：给你特别加四分之一的白饭！这种客制化的感觉让我非常爽！因为他记得我！

也就是说，老板给我的感觉就好像是在跟老朋友买东西，不只是冷冰冰的一场交易。想一想，你是不是常常去固定的地方买东西？想想看，为什么会这样？不就是因为在这里有过美好的体验！这就是感动营销的魅力，唯有给对方体贴、喜悦和幸福感的沟通，才是最有效的沟通。我们随时随地都在营销自己，要了解到真正的满足是以人为本的，要有心、用心、细心、真心、诚心，五心兼备，真正了解客户需求，那么客户一定也能感受到你的用心进而深受感动，这才是最好的境界。

美好体验,抓住客户的心

不管市场是否景气,身为专业营销人必须体悟自身的核心价值,你存在的唯一理由就是营造迷人、美好且动人的顾客体验,让顾客愿意付费感受这些体验,然后让你和公司获得好口碑,借此获利。

如果你能持续做到这点,你的事业就会蓬勃发展,如果做不到,你就会输给竞争对手。同样的,无论是任何形式的竞争目的,举凡工作上、情感上或是任何人际关系上的沟通,制造美好体验都是表达独特性的最佳基础,因此,如何让它成为所有决策的核心价值,才是关键。

究竟要如何进行所谓极致且美好的体验?想要做到这一点,那就必须先思考下列五个关键问题:

1. 最理想的状况是什么样子?拿一本笔记本,记下你和沟通对象互动的所有细节,详细说明要达到的什么程度的表现,以及一定要做好的几件事情。

2. 请教对方。请一些经常往来的对象说明,他们认为优越且美好的消费体验应该具备哪些元素。不要打断他们,张开自己的耳朵,仔细聆听他们的倾诉,记住他们希望得到什么。

• 回归极致美好的消费体验，掳获客户芳心

3. 对照有无差异。拿出上述这两份清单，互相对照。你可能发现自己某些方面表现不错，然而在其他方面，目前的表现则不如预期。找出目前有哪些地方表现不错，哪些则有待加强。

4. 找寻阻碍！找出目前存在的各种阻碍，列出妨碍你提供极致美好体验的障碍，然后加以分析，探究问题，是因为政策过时、策略错误，还是经验不足所导致等。

5. 推动必要的变革。既然已经了解有哪些因素妨碍你提供美好体验，那就应该努力清除障碍，并且进行必要的变革。

事实上，如果你是真心关怀对方，将心比心地努力创造更多附加价值，这应该是你在每一次沟通中都应该做到的，不应该当成额外选项来提供给对方。如果能持续制造美好体验，保持平常心就能轻而易举抓住对方的心！

最好的沟通永远不勉强结果

做人最大的乐趣在于通过奋斗去获得我们想要的东西，所以，有缺点意味着我们可以更完美，有匮乏则代表我们可以再努力。

美国有一部电视影集，讲述的是一位富翁给后代子孙留下了用不尽的遗产，结果他的后代全都变成了毒犯、精神病患者，甚至进了监狱或者自杀。

结果为什么会这样呢？

因为这位富翁给后代子孙留下太多的钱，以致他们不需要工作或付出任何努力，就可以继承到一大笔财产，而只要继承一大笔财富，就几乎什么都能买到。所以，最好的沟通也是如此，当一件事情的结果已经很明显，我们就失去让事情变得更好的动力，因此我认为，最好的沟通就是永远不勉强结果。

如果我们每天早上醒来，感到自己今天似乎缺了一点什么，感到自己还需要更完美一些，心中还有所追求，那是一件多么值得高兴的事情啊！顶级业务高手往往都能突破大环境与市场动荡的考验，不论时机好坏，都能拿下更好的业绩目标。因为他们懂得掌握人心，掌握沟通要诀，只要做好以下这五件事，你也能够像他们一样拥有惊人的沟通能力。

1. 和客户持续有效地沟通。提供真实的产品信息，持续地以高质量且具说服力的沟通、简报，真心服务客户，让客户对你充满信任感，此外记得准时赴约、言行如一和准时交货。

2. 要有针对性，出招永远因人而异。出招不要千篇一律，要依照特定潜在客户会购买的情况、条件及因素，适时提出解决方案，才能打动客户的心。

3. 若无一定的利润，绝不勉强结果。没有格调就没有竞争优势，不勉强销售会使你产生差异化，从众多竞争者中脱颖而出，这样才有机会赚到合理的结果。

4. 量大是致胜关键，请大量推销你的产品。一有机会就沟通，一有机会就进行交叉销售，肯定能够创造出意想不到的业绩。

5. 凡事要允文允武、能屈能伸。千万别在客户第一次要求降价时就屈服，当然也不要过于执着，否则做不成生意一样是你的损失，此外也不和潜在客户针对条件、限制或最后价格做交涉谈判，因为这当中有着微妙的平衡。

切记！只要能做到真心诚意的服务与不勉强结果的态度，将永远会为你带来意想不到的好结果。

√ 这样做就对了！

1. 每天做一件感动服务的事情，不只是满足顾客，更要做到"永远比顾客多想一些"和"超越顾客期待"。

2. 企业通过早会让员工工作愉快、有精神。要求自己做一个快乐的人，然后再创造快乐并且经营它。

3. 将真实动人的剧情拍成微电影，放在网络上宣传，使影片快速地分享扩散，成功炒热话题，当感动的种子在消费者心中萌芽时，便是进一步做沟通和宣传的好时机。

带着无限大的自信，走进人群

每件事都有无限的可能。信心是希望的本质，更是未知事物的明证。

——亨利·福特

超级业务员之所以成功，主要是他们拥有出色的专业知识，有效应付恐惧与障碍，善于与他人合作，培养从挫折中快速恢复的能力，此外，拥有自信和传递信心给对方的本事，更是关键。

自信是能否成为超级业务员的重要因素，许多人放弃追逐梦想、被困境打败，不见得一定是欠缺专业知识，而是因为信心不足，认定自己没办法说服顾客，因而半途而废，有时甚至未战先投降，徒然与成功擦身而过……

自信建立法一：放弃自我设限

还记得自己刚开始接触业务工作，第一次到某家渔产饲料集团去推销鱼粉，出发前因为集团名气大，加上办公大楼和厂区又相当气派，又发现连大门守卫控管都非常严格，所以当我站在厂区门口准备踏进大楼之前，心里很是害怕，一心只想着：我不过是个再普通不过的推销员，我真的有机会吗？而当时陪着我拜访客户的前辈则是不断帮我打气，鼓励我：少说废话，多说一些认同对方的话，适时地点头微笑响应，他们不会为难你的……

听到这里我心想：就进去试试看吧，反正又没有什么损失。我目前推销的是一个高档原料，质量、信誉都绝对靠得住，加上价钱公道，有这么好的品牌作为我的强大后盾，我还怕什么？加上耳边又响起之前一位老师曾经说过的一段话：呆坐着没机会，踏出去就有可能，再说退一万步讲，最差的结果还是跟没试时一样，那么何不去试试看呢？

当下我顿时就像换了一个人似的，抬头挺胸，大步走进客户办公室，原先以为很难做到的事情，我都一一轻松应对，表现得相当游刃有余，离开时甚至还吹着口哨，带着大订单。

● 带着无限大的自信，走进人群

我感觉自己当时就像一个蛹冲破束缚自己的茧，蜕化成为美丽的蝴蝶，在空中翩翩起舞。

每个人都有自我设限的时候，但是，你可以找到方法去摧毁自己所设定的障碍：

要有目标和正确定位，相信自己所从事的工作是神圣而有意义的，并且相信自己有能力完成目标。

必须向惰性说再见，包括思想上和行动上的惰性。

善于整合各方面资源为己所用。要相信团队的协同与监督力量。

要不断提高自己的综合素质，才能充满自信地应对不同的客户和市场问题。

要勇于承担责任，不要给任何错误找借口，先从本身找原因，不讳疾忌医，愿意接受别人的批评。

是的！除非从内在改变起，才有机会真正改变自己的工作、生活与命运。全球畅销书《心灵鸡汤》的作者马克·汉森曾说：如果您始终相信自己所相信的事情，您将会不断达成想要达成的事情。换言之就是心想事成！

然而为什么有时候会心想却事不成呢?这是因为大多数的成功法则教导我们要不断地强迫自己塞入正面的思想、情绪。但你想想,如果一个人的身体不健康,光靠补是没有用处的,必须先泄,腾出空间后,才能让新的东西进来。而泄,就是需要找出积压、隐藏多年的负面情绪与信念,将它们彻底排除,当个人意识提升到一定境界时,才能心安自在地随着生命之流去思考,唯有臣服于宇宙能量的心灵运作方式,才是迈向成功的最佳沟通状态。

自信建立法二:肯定自己

推销自己比推销产品更重要,推销产品就是推销自己,所以要以良好的形象出现在客户面前,这种形象包括信心、衣着、谈吐、必要的礼仪,尤其要特别注意自己留给客户信心十足的第一印象。你对自己有信心,客户自然对你有信心,站在心理学的层面来看,人们总是依照如何看待自己的方式来做事。

有信心的人,也就是懂得自我肯定的人,他认为自己是老板,他就会做老板应该做的事;认为自己是敏捷的人,就会做敏捷的人应该做的事；认为自己是卓越服务的人，就会做卓越服务的人应该做的事；认为自己是优雅的人，就会做优雅的人应该做的事。这是相信法则和反映法则相互搭配后所产生的自由结果，而且是顺应心意，丝毫不费吹灰之力的任务。

用信心擦亮你的招牌

诚如全球知名的美国纽约饰品品牌总裁卡罗琳·布里兰德（Carolee Friedlander）所言："每天醒来，我对接下来这一天的工作充满无限自信。若没有这份信心，我会干脆把公司收起来，把自己的梦想忘掉。"对那些一心追求成功的人来说，这是对自信两个字所下的一个最好的批注。因此，如果一个人真正相信他的业务成绩会获得极大的成功，他就会认定自己是成为顶级销售的潜力战将，愿意在自己身上不断学习与投资，更会下定决心让自己变得愈来愈好，并且持续做肯定自己的人该做的事。

然而值得留意的是，比起自我肯定，真正需要花力气的是避免做出与自我肯定相违背的事。要知道，肯定自己就是

建立在自我认知上。

自信建立法三：凸显优点，改掉缺点

认识自己是非常重要的，如同作战时都会一再强调要"知己知彼，百战百胜"。首先，你不妨问问自己以下十个基本条件，你符合几项？我的专业知识足够吗？我的信心够强吗？我熟悉自己产品的目标客户吗？我的服务够周到吗？我的软硬实力够强吗？我的后劲够猛吗？我的心态正确吗？我的报告、联络、讨论能打动客户吗？我能针对不同的客户类别，分别采用什么不同的策略和方法吗？我接受的培训足够吗？

其次，要知道自己有多少缺点，所谓缺点，就是自己的不足之处，包括习惯、性格、人际关系上的不足，以及体察自己能否如实观察现实环境。

总之，我们在与人沟通上，若想有效达到目的，除了积极地肯定自己的优点以外，更要避免掉入消极且无形的压力、悲观、自我怀疑、恐惧牢笼中，所以，在创造出自我风格的表达能力之前，要先知道自己具备何种强项，也就是懂得欣赏、喜欢自己才行，正如同香港推销大王冯两努所说：销售员成功的秘密武器是，以最大的爱心去喜欢自己。要先搞懂自己有什么特点、强项和想要什么，方才能够拥有说服别人的能力。

改变和战胜自己有方法

拿破仑在全盛时期几乎统治半个地球，战败后则被囚禁在一座小岛上，内心可以说相当郁闷痛苦。他曾经有感而发地说：我可以战胜无数的敌人，却无法战胜自己的心。由此可见，能够战胜自己的心，才是最懂得战争的一等战将；同理可证，在任何沟通中能够战胜自己的心，也才是一等一的说服高手。

要改变别人很容易，要改变自己很困难；要战胜别人很容易，要战胜自己很困难。以下的方法，可以帮你改变和战胜自己！

首先要清楚认识自己和知道缺点，找到自己必须克服之处，再定出目标，并以这个目标作为奋斗方向，持之以恒。

其次是督促自己勇敢去冒险！正所谓找出弱点容易，改变弱点则很难！想要战胜自己，你便要去改变它，让缺点转化成为优点；还有要做的事，就是要能勉为其难，勉强去做自己平时不敢去做的事情，做自己平时不愿去做的事情、自己平时不想去做的事情，以及自己平时做不到的事情。要不断给自己充电，提高自身的素养，还要不断汲取他人经验，不断提升自己。

再次要具备坚强的毅力。改变自己需要很大的毅力，改变是个持续的过程，一定要用自己的意志来战胜自己，如果你的意志力很强，你就有可能会战胜自己，用毅力来修正你自己的一些弱势。

最后要经常地自我激励。你的潜意识具有无所不能的力量，你应该善用潜意识的力量来战胜自己。你可以每天早晨、中午和晚上不断重复对自己的潜意识说："努力去做正确的事情，因为它是正确的！"如此一来，你就可以经由自我激励来影响潜意识，从而走上战胜自己的道路。

要知道，只要我们战胜自己，就能掌握自己，进而拥有高度的自信，由衷相信自己一定会成功！

注：冯两努（1953年～2008年），原名冯国辉，香港企业家，商战谋略培训讲师，曾任区议员及电视节目主持。对《史记》《孙子兵法》《三国演义》《红楼梦》《水浒传》

有独特见解。将名著中的谋略精华融入现代商战,自成一家。对《三国演义》的评论更是非常独到,深植于香港人的记忆中。

√ 这样做就对了!

1. 每天起床的第一件事就说出自己的 3 个优点,不要用负面的话来催眠自己不够好。

2. 写一封信给自己,列出过去了不起的成绩,在不如意时拿出来反复阅读,提醒自己并非一无是处,现在只是身陷困境,不应该对自己落井下石,要通过肯定自我来渡过难关。

3. 面对事情时尽量正向思考,找出好的那一面,激励自己换个方式或许就能成功,让自己重拾信心,并且坚信自己会愈来愈好。

把自己看成是一颗钻石

每个人的内心都有一处宝藏，与佛陀无异，只是佛陀的矿山宝藏经过长期挖掘，已得宝石且不断提炼琢磨，成就了很多发光发亮的玉石宝物；反观凡夫俗子的矿山虽已开采，却尚未加以琢磨。

想要说服别人首先要说服自己。

你不妨把自己当成是一颗钻石来看待，然后以稳健的脚步和真心、用心、贴心的理念进行沟通，以明确解说＋意见说服＋精密逻辑的技巧发挥表达力。我常在课堂上告诉学生，你能够为梦想努力，相信梦想，对梦想忠实，那么梦想就会实现。然而为了实现梦想，你必须先走过决心、专心、锻炼和心态四个阶段，而其中，心态远比其他三阶段合起来还要重要。

这是因为心态关乎你的思想和信念。梦想就是你心中那颗钻石，只有历经不断的琢磨、抛光，才能展现璀璨动人的魅力，要知道没有任何人能真正改变你，除非你下定决心要改变自己。

要取得幸福财富的钥匙,我们需要具备说服力和表达力,只要你把自己当成钻石般对待,并且愿意持续进行淬炼和打磨,散发出耀眼夺目的光芒,在灯光下显得熠熠生辉,才能突显你的存在价值,发挥最大的影响力,最终也就能拥有和太阳、月亮、星星一般永垂不朽的价值。

钻石的坚硬,象征订单、财富

说起在生活和工作上,举凡在开发客户、约访、沟通和谈判等过程中,相信大家都曾经遇过吃闭门羹、被泼冷水的窘境,这时,拥有犹如钻石一般坚硬不可侵犯的信心自然显得格外重要。

拥有犹如钻石一般坚硬不可侵犯的信心的沟通高手,遇事时通常不会选择知难而退或半途而废,心里往往只会想着如何达成共识,毫不在乎眼前将面对的困难与挫折,继续奋战。亲爱的朋友们,千万不要怀有可能会失败、自己一点也不优秀的想法,不要随便质疑自己,即使是一点点都不行喔!

钻石是世界上最硬的矿石,要想培养真正的犹如钻石一

般的信心，你必须一点一滴地由内而外慢慢建立，建议你可借由"心想事成""我是第一名"和"逆向思考"三种法则来练习，有朝一日当你拥有八心八箭般质地极佳的钻石时，你将快速迎接成功。以下是笔者提供给各位参考的三种制胜心灵法则。

心想事成法则

想成功，你必须具备心想事成的信念，不管面临任何阻碍，都不要改变初衷。请大声告诉自己我愿意，这是达成目标的关键，有了它，你将会以有生以来最快的速度，轻易达成自己一开始所设定的目标。

明确知道，自己到底想要什么？请用肯定语气写下想得到什么，以此来指引方向，例如"我想成为超级业务员！""我要收入增加一倍，让付账单变得更轻松！""一年内，我要开一家咖啡厅！"……当然你所许下的愿望和目标，必须正面且合法，并且要能实行才行。

将你的目标可视化。许下愿望或目标后，接下来赶紧收集一些相关图片、照片，把它贴在你的愿景板、梦想板上，

● 把自己看成是一颗钻石

然后每天观想你的目标,想象当你目标实现时你会有多兴奋,你将如何与亲友分享、谈论你的快乐,这样的对话将强化你跟图片的关系。

不断地跟你的潜意识沟通,无论现在设定了什么目标,无论完成目标必须经历多大的困难,请你马上敞开心胸,重复一百遍,大声告诉自己:我愿意、我愿意、我愿意……当你大声呐喊一百遍之后,这时候,你将会感到信心十足,成功在望。

你的心态和行为必须与愿望、目标合一。制作愿景板后,你的想法、话语与态度都必须与愿望、目标相符合,此外更要经常细腻地想象达成目标后的状态,并且实际体验它。

凡事 Feel Good。要一直保持好的感觉,才有机会实现梦想和目标。留意自己平常说话的内容是否正向积极,从此不再抱怨,刻意保持正面的说话方式,并将"事在人为"这句话用笔写下来。

允许且包容所有正、负面情绪的存在。人就像磁铁一样,一定会有正、负两面。如果少了其中的任何一面或不再平衡,凡事往往就不再具有吸引力。

相信一切都是最好的安排,等待奇迹。当目标、愿望换

来失望,请记得它也会成为新的盼望,这会让你更加了解自己,并从这个失望的经验中,换来了完成更大梦想的必要条件。相信成功,但也不要拒绝失败。因为九十九次失败之后的再次努力,可能就是成功。请相信奇迹,但不要违背规律而一意孤行。要知道兔子碰死在同一棵树上的概率几近于零;一头驴子吃再好的草,也成不了骏马。请从现在就开始做,我愿意向你保证,宇宙中吸引定律的神秘力量就会被你启动,和成功有关的机缘、贵人,都会冲到你面前,令你喜出望外。

"我是第一名"法则

又称为"领先法则"。与其说人生像舞台,还不如说是角力擂台,唯有第一名,才能拥有激情不断的喝彩声、好名声及最高的收入与无限的成就感;至于第二名,只能捡拾第一名不要的东西;至于第三名以后的,Nothing！

要有做第一名的企图心！企图心就像水流一样绝对不会回头,好的开始是成功的一半,起步时刻绝对疏忽不得。一开始就要抢占先机,领先任何人,当遥遥领先一段行程之后,你将减少后顾之忧。

兵贵神速，才能先发制人！牢记速战速决的原理，正所谓快鱼吃慢鱼，速度是致胜关键，一定要比别人早起步，跑得比别人更快，永远领袖群伦。待情况不妙，随机应变，万一不能领先，就赶快换跑道，另找一块领域，易地领先，再做这个新领域的第一名。

"逆向思考"法则

觉得自己不够好，离成功还有一些距离，这其实全部来自于过度的自我期待。

当你认为自己不善于沟通互动，那么做任何洽谈都不容易顺利；若感觉自己不善于言词表达，觉得"我的口才若能再好一点，就不容易被拒绝"或"我就是不懂人性，没办法捕捉对方发出的信号，成交多一点的生意"……如果你总是这么想，那么你已经掉入了"业务员恐惧症候群"的陷阱里了！事实上，这些所谓的不会、不擅长或不懂，都是你眼中所看到的自己，并非客观事实，只要稍微调整一下看事情的角度，你的想法就能重获更新。

当你试着用正向思考的方式解决问题，但却反复找不到

正解时，逆向思考往往能使你茅塞顿开，找到正确的路径，有时候反而会得到更多的新体悟。所以请你试着这样想想：把缺点当成优点看待。如果你觉得自己是愚蠢、慢吞吞的人，那么不妨改从积极的观点来看待自己，将愚蠢、慢吞吞的自我评价修正为谨慎、细心。千万别小看这样小小的改变，因为你的忧郁，可能就会在最短的时间内消失得无影无踪。

将负面情绪释放出来。心情不好时，要将心里的话大声说出来，彻底宣泄负面情绪，这才是保持心灵健康的要点。

遇到困难时绝不停歇、偷懒、逃避。要把每次的失败都当成是另一个成功的开始；每一次的挫折后，自然都会有多一份的收获。

偶尔降低目标也不是坏事。如果把自己的注意力放在过高的目标上，这时往往会失去平常心，如果这个状况已经持续一段时间，那么请你降低原来所设定的目标吧。

要知道信心决定成败，用心才可达成目标，还记得那句经典的广告台词吗：要刮别人胡子之前，记得先刮干净自己的，这样一来才有说服力啊！我们若想说服别人，当然要先说服

● 把自己看成是一颗钻石

自己,所以必须具备绝对的信心,而信心是对自己所能提供的价值深信不疑。若我们对自己都没有了信心,那么世界上还有谁会对我们有信心呢?

持续正面思考，才能有效沟通表达

真正的正向思考是看清现实，从中厘清转机，这不光是一种心灵上的自我安慰，更是一套解决问题的方法。

——兰迪·普宁顿

世界激励大师拿破仑·希尔曾经说过："一个人能否成功，关键在于他有没有积极的心态。成功者与失败者的差别就在于成功者拥有积极的心态，而失败者则习惯于用消极的心态去面对人生。"

这句名言，我至今深信不疑。

同理可证，做业务工作要成功说服客户，唯有使用积极的心态进行正面思考，表达才够给力！

还记得大学时期的我，深受激励大师拿破仑·希尔的经典著作《思考致富》的影响，甚至在踏入职场，从事业务沟通时，也总会试着正面思考来看待事情，当然，沟通成功的比例远比负面思考高出许多。

● 持续正面思考，才能有效沟通表达

绩效是由自己支配，而非市场或上天决定。也就是说，一个人若以积极的心态面对残酷无情的市场，积极接受各种挑战和麻烦事，那么他就已经成功了一半。而为了精进自己，我曾经非常仔细地观察、对比分析顶级销售与初级销售的心态，尤其是关键时刻的心态变化，我从中发现，积极心态确实导致绩效出现极大的不同。我顿时明白，初级销售遇到困难时总是挑选容易的倒退之路，安慰自己我不行了，还是放弃吧！而结果就是陷入失败的深渊。反观顶级销售遇到困境时，仍然保持积极的心态，用"我要！我能！""一定有办法！"等正面意念来激励自己，如此一来便可找到解决办法，不断前进，直至成功。

休斯敦太空指挥中心化险为夷

你有没有看过电影《阿波罗十三号》？剧中有一句经典对白：休斯敦，我们出问题了！这句话有如洪水般扰乱了休斯敦太空中心所有科学家的心。

这部电影主要是描述在登陆月球的"阿波罗十三号"上的航天员，面临零件故障的重大危机时，休斯敦太空指挥中

心的人员不放弃任何挽救机会，不断寻求解决之道，最终化险为夷的故事。而让我印象最深刻的一段话是这样说的：当航天员生死未卜，尝试了很多解救方法仍不见任何效用，大家逐渐丧失信心时，有一位悲观的科学家顿时冒出一句话：哎！"阿波罗十三号"，恐怕会成为历史上最大的太空灾难！

无人有把握救回航天员的性命，也没有人敢做任何响应，就在一片静默中，从远处突然传来一个令人振奋的声音：我认为拯救"阿波罗十三号"是我们最好的一刻，它将会成为史上最伟大的太空事迹！胸怀雄心壮志的指挥官回答道。当然，剧情走到最后，诚如那位指挥官所说，"阿波罗十三号"确实成为史上最伟大的太空事迹。而这个故事也正好说明了正面思考的人在面对生死攸关之际，对未来结局所将发挥的重大影响。

何谓"正面思考"？

"正面思考"是说，在遇到问题或挫折时，人们会看清现实，从中厘清转机，进而产生解决问题的企图心，找出解决问题的方法，正面迎接挑战。

持续正面思考，才能有效沟通表达

毕竟，挫折不会消失、问题不会解决，除非你愿意开始正面思考！

若将同样情况应用在业务工作上，在与客户面对面沟通时，你可以借由负面思考走向失败和不快乐的泥沼，但是反过来说，你也可以借由正面思考来解决双方的误解，共创双赢局面。所谓的正面思考不代表永远乐观看待每件事情，或总带着微笑接受每一个错误，而是要建筑心中的必胜城堡，将负面能量转化成正面的前进动力！

想成为具有高超说服力的沟通高手，你必须具备以下几个正面思维，在沟通不良时，帮助你从伤痛中解脱，产生解决问题的企图心，建立自信。

1. 改变说话的语气。沟通不良实属老生常谈，千万别泄气，别再说"我害怕自己做不好"或说"我做不到"……你应该改说："我该怎么沟通，才能成事？"

2. 保持正面思考。由于世事无常，所以要相信纵使面对不良沟通，但事情终究都会雨过天晴，而这就是正面思考的思维和方法。

3. 喜欢求新和求变。顶尖的沟通高手是完整解决方案的提供者。他们从交流中不断成长，明白不要墨守成规，不萧

规曹随,喜欢创新求变,另辟蹊径,以创新的思维和前瞻的眼光,开创另一片沟通的空间。

4. 好态度决定好结果。一个人的态度直接决定了他的行为,决定了对待工作的方法和结果,想想看,你总是尽心尽力还是敷衍了事?是安于现状还是更加积极进取?

成吉思汗曾说过:真正懂得正面思考的人不畏惧困难,而且会随时随地从困难和问题中发掘智慧,壮大自己。

的确!正面思考的人看世界,认为事在人为,当他们遇到重大危机、困难重重时,总会把自己的能力及经验发挥到极致,突破困境,寻求各种解决的方法,而最后的结局往往就是成多败少、赢多输少。反观负面思考的人通常只看到彷徨、无助、不知道生命出口在哪里,容易怨天尤人。所以,不论我们处在多么恶劣的沟通条件中,请务必记住,唯有保持正面思考的态度,才能让你永远站在最有利的位置上!

眼界决定境界,思路决定出路

凡事都有正反两面,发掘正面和善良的一面,就有机会迈向双赢局面。赶快去更改自己思考时惯用的"负面脚本"

• 持续正面思考，才能有效沟通表达

吧，你将会发现，你的人生剧本绝对会被改写！

是的，境界无法决定好与坏，只有自己思考的方向才能决定好坏。所有的结果，都看你是用什么样的思考方向去面对。

成功，往往只在一念之间而已。

√ 这样做就对了！

1. 想要成为顶尖高手，首先必须具备成功的心态。也就是说：先要确定方向，勇于追梦，这样才有实现的可能。

2. 进行任何销售和服务，就像水流一样，绝对不会回头。

3. 速度是致胜关键，凡事一定要比别人早起步，甚至跑得比别人更快。

√ 这样做就对了！

1. 遭遇挫折或沟通不良时，即使自己确实有够倒霉，但都请问问自己：发生这件事情对我有什么好处？当你愿意这样问自己，未来一定会有好事发生在你身上！

2.多用鼓励与赞美对方来做沟通,这样能使白痴变天才,批评谩骂只会让天才变白痴。

3.思考是有磁场反应的。正面思考会吸引好的人和事物,自然能够好运连连。

CHAPTER TWO
快速打破僵局的交谈

面对陌生的环境,不熟悉的人和事物,凭你再勇敢,一旦要开口说话,心里肯定还是会七上八下,遑论是试图说服……别担心,打破僵局其实是有方法的,就看你如何启动,我们接着往下看吧!

唯有倾听，才能打开防备心门

倾听，是最好的攻心策略，当你闭嘴，顾客才会说真心话，对你掏心掏肺。

参加过由我主讲的"巅峰销售心理学"实务教练的学生都知道一个规定，在实务教练上，若无法在十分钟当场学会有效销售的第一个步骤——成功接近顾客的方法，那就只好退训，因为这表示学员没资格继续学习下去。而我为什么如此严格要求？原因即在于销售的第一步骤就是接近客户，而接近的目的是打破冰冷僵硬的气氛，以及消除对方的防卫心，取得好感和信赖，建立融洽的关系，如此一来才有机会获得下一阶段的正式商谈和沟通机会。

销售的关键在于，除非你能和客户和谐融洽地相处，让他们打开心门，吸引他们的注意，否则沟通将无法顺利进行。简单地说，接近客户，打开客户的心门就是让准顾客愿意放下其他的事情，专心倾听你说话的先决条件。

你用什么话当开场白来接近对方，是决定能否立即吸引他的注意力,让他主动愿意和你展开交谈的关键一步。要知道"好的开始是成功的一半",一个令人无法抗拒的开场白,能够在最短的时间内长驱直入,和对方建立起一个良好的洽谈关系!同时也为沟通成功奠定良好的基础!反之,马上就出局了。

让顾客倾听的开场白

只要掌握几个大原则,让对方觉得你的建议对他有用处、觉得有趣、产生好奇心、能够获得自我满足,或是在情感上受到刺激等几项原则,他就会关注你,甚至放下手边的工作专心听你叙述,甚至开始进行对话!因此,要让顾客喜欢上你的开场白,你的开场白就必须具有冲击力、有价值性、有预谋性甚至有预见性。以下是商业洽谈上令人无法抗拒的开场白范例,可供参考:

一、强调重大利益的开场白

如果你是要销售激光打印机,你可以这样说:"陈总,现在激光打印机的价格便宜得几乎要白送给你了!原先一台的价格，现在能给你两台！"顾客的心理反应将是："真的吗？现在多少钱？说来听听！"

还有就是利用竞争产品的问题做开场白。

如果你销售机械设备，你可以这样说："陈老板，我发现贵公司目前使用的产品在XX方面存在着某些缺陷，会给你造成经常维修和更换零件的损失，是由XX原因造成的。我可以给你提供一个解决方案喔！"顾客的心理反应将是："唔！听起来好像非常专业哦！不妨听听看。"

二、实例引导的开场白

讲一个生动的实例，或是有悬念的故事，吸引对方听下去。

如果你销售大宗工业零件，你可以这样说："陈老板，去年有对姓李的兄弟俩买了我们的工业零件，结果不到一年，就把本钱全赚回来了，而且还赚进半个资本额。你知道他们是怎么干的吗？"顾客的心理反应将是："开玩笑！他们真的使用你家的东西？我倒要听听！"

要知道，只要你所说的这一番话是有价值、是言之有物的，那么通常都能赢得继续谈下去的机会。

● 唯有倾听，才能打开防备心门

让准顾客专心倾听，你就成功一半

怎样让准顾客愿意听你讲话，并且心无旁骛地和你自在交谈？方法很简单，那就是引导他们主动谈论心中最感兴趣的事，如此一来他们自然会愿意花时间听你说。由于每个人都非常喜欢提自己的事，因此，见面一开始谈及对方最关心的事，当然最受欢迎。

业务达人最常用来与对方打开话匣子的主题是什么？以下就是最受准顾客欢迎的交谈内容排行榜，建议你不妨把想要沟通的每一个对象都当成准顾客来这样做：

对方的嗜好。

对方的事业、工作。

以当时经济景气、市场行情为话题。

以子女、家庭为话题。

目前关注程度最高的体育、娱乐八卦新闻。

以对方的故乡、老家及所就读的学校为话题。

以趣味的路边消息或街谈巷议为话题。

讨论理财知识及投资技巧。

聊聊双方共同的友人及介绍人的近况为话题。

以社会新闻为话题,网站、报纸、电台、电视、杂志的报道。

以家族、亲戚为话题。

切入对方的社团活动或荣誉兼职务等话题。

只要巧妙运用上述的开场话题,适时加以赞美对方,可以迅速赢得对方的认同和支持。在交谈时,准顾客是主角,业务人员当然要以客为尊,不可喧宾夺主,必须从头到尾扮演好配角的角色,恰如其分地配合演出。

倾听永远比美丽的解说还重要

我曾经遇到过几个爱自吹自擂又欠缺倾听修养的业务员,和客户一见面,不管客户愿不愿意听,通常就是叽里呱啦地猛说自己的产品多么厉害,多么好,产品功能有多强多有效,抑或是公司规模有多大等,这群人通常爱抢话,特别是别人的话还没有说完就忙着插嘴,但却又讲不出重点,内容不着边际……这种人就是最容易做错事、效率差,既得不到对方的接纳,也无法取得谅解和尊重,自动被列为拒绝往来户,

唯有倾听，才能打开防备心门

可以说是赔了夫人又折兵，实在惨不忍睹。

我也见过一些个性非常冲动的人：别人的话还没有听清，就迫不及待地发表见解，或是对方兴致勃勃地想与你说话，他却心荡魂游、目光斜视，手上还在不断拨弄平板电脑、智能手机，缺乏倾听的修养，久而久之，朋友、客户慢慢疏远、躲闪他们，朋友愈来愈少，绩效更犹如海水退潮，大不如从前，令人不胜唏嘘！

此外，欠缺倾听修养的人，最容易与人发生争吵和纠纷，个中症结就在于这些人习惯用自己认定的想法、情绪和感觉去跟人沟通，忙着自说自话，漠视别人的想法、意愿、立场，在未能厘清对方的真正意图前便乱说一通。在拼凑成功人生的地图中，倾听是其中最容易被忽略的一块，很多以这种方式推销产品的销售员，九成都是无功而返。然而实际上，销售要成功，倾听永远比解说重要。

我为什么这样说？那是因为：

倾听可以使你弄清对方的性格、爱好与兴趣。

倾听使你了解对方到底在想什么，对方的真正意图是什么。

倾听使对方感觉到你很尊重他，很重视他的想法，使他

抛弃思想的包袱与顾虑。

倾听可以使对方的不满心情找到发泄的出口，让对方的怒气消除。

倾听可以使你有充分的时间思考如何策略性地回复对方。

而倾听其实很简单。首先是排除干扰，集中精力，以开放式的姿态，积极投入的方式倾听客户陈述；其次是听清全部内容，整理出关键点，听出对方感情色彩；再次是重复听到的信息，快速记录关键词，提高倾听的记忆效果；最后则是以适宜的肢体语言响应对方，懂得适当提问，适时保持沉默，让谈话得以持续进行下去。

渴望成为好倾听者的技巧

业务高手通常也是一位好的倾听者。如果你希望业绩长红，那么首先你就得成为一位好的倾听者。通常销售失败的主因并非专业知识不足、行为不正、能力不足或行动力不周延，而是欠缺敏锐度。

根据许多事实研究证明，做生意拿不到订单的原因，很

● 唯有倾听，才能打开防备心门

多时候并不在于你说错什么，或是应该说什么，而是因为你欠缺倾听的修养——听得太少，或者没有注意听清楚所导致。所以，就从现在开始练习倾听的技巧吧！倾听是一种技巧，而培养倾听的技巧需要练习、渴望、专注，还需要渴望成为好的倾听者的一份心。你可以通过以下的方法来增强倾听力：

1. 鼓励对方先开口。降低沟通中的竞争意味，专心掌握重点。须知倾听既可培养开放的气氛，也有助于彼此交换意见。说话的人由于不必担心竞争的压力，自然可以专心掌握重点，不必忙着为自己言辞中的矛盾之处找借口。

2. 活用肢体语言。自然的微笑，说话时看着对方的眼睛，适时的点头等，这些肢体语言代表着你愿意接纳对方，很想了解他的想法，对方自然就会受到鼓舞。

3. 听出他的关键词。掌握对方谈话中的关键词，即可看出对方的兴趣和喜欢的话题，并且赢得对方的信任。

4. 暗中回顾对方说过的话，厘清重点并做结论。当对方和我们谈话时，建议你可花个几秒钟的时间，在心里回顾一下对方说过的话，尽快整理出重点。而当对方语焉不详时，你也可用询问的方式，让对方知道我们确实在注意听他说话，很重视谈话内容。

赞美——满足人性最强烈的渴望

人性最强烈的渴望就是得到他人认同。

——威廉·詹姆斯

我们都需要被赞美，这有如万物需要阳光一样。赞美是一种高尚品德，是一种境界，更是人际关系的润滑剂。善用它不但可以使人际关系马上变得和谐起来，也能迅速缩短人们之间的心理距离，赞美是激励人心的最佳方法，所以平时在与人沟通互动上，千万不要吝于赞美。我们在第一章曾经提到，感动营销是一种情感的深度沟通方式，要将感动营销发挥到极致，则须具备高度艺术性的表达能力，其中，真诚的赞美便是与陌生人之间的沟通桥梁，打破僵局的第一项武器。也就是说，当你准备与这个人做生意之前，记得先跟对方说一些赞美的话，好话人人都爱听，在心情大好之下，自然容易做成生意。

● 赞美——满足人性最强烈的渴望

谈生意前,先给客户送上几句赞美

记得有次上电台节目,主持人问我:"你认为自己最厉害的地方是哪里?"

"赞美别人。"我想了两秒钟后这样回答。

"怎么说?"主持人接着问我。

"就是一见面,我就有办法快速让客户在我面前卸除武装,譬如说,遇到好强型的客户,我绝不会先介绍产品,而是和客户聊聊工作的情况,当客户谈到自己的工作绩效和成就,我就认真地听,并且不断点头称是,适当的时候,递上一个理解的眼神,还会赞美几句,客户听到我的赞美,就觉得,这个人真的能理解我啊,心理距离无形之中就拉近许多,很快就坦白告诉我他们的真正需求、预算,而且非常信任我提出的建议和推荐,马上拍板。"我下了这样的结论……

据我观察,有很多顶级销售也常凭着三寸不烂之舌的赞扬手段,快速改变自己平凡的命运或难看的业绩。一般来说,顶级销售懂得去挖掘买方的特点和真正在意的事,而不是把焦点放在价格上,他们会想尽办法在沟通上下功夫,利用赞扬对方的丰功伟业或独特之处,打动客户原本冷漠和防范的心。

不久前,有一家国际知名眼镜集团杨总经理计划邀请我帮他们公司三十位经销商做培训,想以为期两天的"巅峰销售心理学"课程,作为激励经销商的礼物。我拿出了详细的培训规划跟杨总经理沟通,他这时才赫然发现,这次的培训将会花掉数十万新台币,非常心疼,所以本想打消念头,但我后来只用一句话便打动了他:"杨总经理,业界都传闻你是个传奇人物,经销商都说你是个最懂得培训管理又有智慧的人,这笔培训的钱正花在刀口上,效益最高,这样做,经销商会更加支持你,并且会赞不绝口,更加有忠诚度,卖出更多的产品,实在是一举两得啊!"

听完这番话之后的杨总经理改变了主意,因为这段话彻底打动了他潜藏的虚荣心和利益心。杨总经理听完之后,心里非常高兴,露出笑容,反而忘掉了价格这件事。

揣摩对方的心意+弹性=双赢

沟通或谈判技巧或许会因为文化有所差异,但重点还是要理解人性。你只要抓住人们喜欢被赞美的这份深层的人性需求,运用赞扬的力量,就能化险为夷,借力使力,赢得对方的信任，创造双赢局面。

世上最高深莫测的便是人心，深谙赞美艺术的人，通常懂得揣摩对方的心理状况，待有充分把握后再出招。

我常在课堂上提醒学生，不可莽撞行事，凡事无须坚持己见，也不要犯了自以为是的毛病，出招之前，除了听其言、观其行，更重要的是摸清对方的企图、需求，读懂对方的心理，待做完综合性的分析后，再给对方提供最符合需求的东西，这才是高招。因此，为人处世，重点就是时刻揣摩对方的心理。

谁能画出明太祖朱元璋的画像

你知道留传于世的明太祖朱元璋的画像，哪一张才是他的真实面目？

目前外界能见到的画像主要集中于"俊""丑"这两大类。其中一张帅气十足的画像是这样来的：方面大脸，奇骨贯顶，慈眉善目，英气逼人，胡须稀疏，面白细润，身穿龙袍，五官端正，相貌堂堂，与唐太宗倒是有几分神似。据了解，这张是宫廷版。

而另一张朱元璋的民间版画像则是活像个五八怪：脸颊

狭长，大耳隆鼻，立眉深目，面上胡须浓密，长满了黑麻子且五官不正。据了解，流传下来的几乎所有朱元璋画像支持了这一说法。

在历史学者们为哪一幅画像才是真实的朱元璋面目争吵不休，还没有找到正确答案的此刻，我却从画像的形成过程，得到一些省思。

传说朱元璋称帝后，找来了丹青高手帮自己画像。而第一个进宫的一号画师诚实忠厚，画画讲求真实性，把像画得和真人一样。朱元璋一拿到画像后，看到自己竟然被画得如此丑陋难看，顿时大怒，一气之下便把一号画师推出去砍头了。二号画师眼见如此，诚惶诚恐之余知道绝不可重蹈覆辙，于是脑筋一动，干脆就把朱元璋画成一个美男子，五官端正，相貌堂堂。朱元璋一看，觉得那个人根本不是自己，二号画师简直就是欺瞒犯上，他好奇地问他："你觉得这真是朕的真实面貌吗？"二号画师低着头直发抖，不敢说真话，朱元璋马上又下令把他推出去给斩了。

这时，天下的丹青高手听说了两位画师的下场，个个心惊胆战，生怕被召进皇宫里去帮皇帝画像。不久后，又有一个画师被征召进宫去帮皇帝画像，结果，他没有被砍头，反而得到许多赏赐，大家听到情况后都觉得很好奇，议论纷纷，丝毫不知这其中奥秘何在。

原来，三号画师懂得揣摩朱元璋的心思，知道他最敬仰被称为"千古一帝"的唐太宗，于是他就以唐太宗的画像为范本，追求神似便好，宏观把握，微观调整，让朱元璋介于似唐太宗与不似唐太宗之间。结果，朱元璋看到自己的相貌神似唐太宗，有龙凤之姿，天日之表，神采刚毅，说通俗一点，就是有"帝王相"，顿时龙心大悦，下令重赏了这位画师。

以上的故事告诉我们，有些事情不是你说了算，必须设身处地理解别人的想法，揣摩对方心意才行，沟通时，记得先放弃己见，甚至做出适当妥协，才会实现双赢。

真诚的赞美便是美味红萝卜

人有两种，一种是注重外在激励的人，一种是重视内在激励的人。前者多为现实主义者，后者多为理想主义者。

对于注重内在激励的人来说，想激发他的内在动力，最好的方法便是送他一根美味的红萝卜，而真诚的赞美就是鲜美的红萝卜，是企业用来激励表现优异的员工的礼物，是赋

予他使命,让他学习新技术、新知识和自主权的机会。

一九四八年的《经济学人》杂志首次提出"胡萝卜与棍子"理论,胡萝卜比喻是激励,棍子则是惩罚;有人因此主张胡萝卜与棍子应交互运用,但有更多的人主张,应多用赞美、激励取代惩罚。这种激励观念提出至今虽已超过半世纪,却仍方兴未艾,尤其受到工商企业界老板们的重视。

要知道,更高段位的真诚的赞美更像是一种慰藉,这犹如荒漠甘泉,让人们干涸的心灵瞬间得到润泽,因此,在和客户交谈之前,我们应该适时地给别人奉上真诚的赞美,也应该学会理性看待真诚的赞美。

就像做善事一般,多真诚地赞美客户,是不用花钱就能让人快乐和认同的事情,何乐而不为呢?只是在赞美客户时,记得要真心实在,语气真诚,速度不妨放缓一些、态度认真一些,内容不偏不离,最好一下子就能说到关键点上!赞美应该是所有人都渴望得到的礼物,是打动别人心灵最有效的方式,没有人会拒绝别人真诚的赞美。那我们该如何赞美,才能让对方觉得我们很重视他呢?以下三点,可以强化赞美的魅力:

1. 赞美要恰到好处。值得一提的是,真心懂得赞美人的,

● 赞美——满足人性最强烈的渴望

不一定要把一切所知道的一股脑全讲出来；相反，只讲一件最重要的、别人没看见的就够了。更不必夸大其词地讲个不停，只需轻描淡写带过就够了，要知道最真切的赞美才能令被赞赏的人由衷生出"这才是真正了解我的人"的想法，深感对方是知音，而我想，这就是赞美的最高境界了！

2. 赞美要适当。百分之九十九的客户都喜欢被赞美。但那种虚伪的、与事实不符甚至是听起来怪怪的赞美，反而会适得其反，吓到客户，如此一来又如何让对方买单？

3. 不适宜和不得体的赞美会吓到人。客户非常敏感，从你跟他说话的感觉中就能体会出是否有诚意，换言之，你若在赞美客户时，让对方感觉到你是有目的、别有心机，那就是虚伪的赞美。而不适宜和不得体的赞美，通常和说话技巧有关。我曾经在某知名百货专柜上，听到过一位男性业务人员称赞一位女性客户的胸部很大，令客户当场脸上三条线，不知如何回应，到后来甚至还被投诉是性骚扰，立刻翻脸走人。虽然客户的胸部的确波涛汹涌，但你也不能直接说出来，好歹也要修饰一下比较文雅。

当客户处在一个一应俱全的时代，当客户用"已经有了"和"别家早提供了"拒绝你时，有时采用赞美的技巧，说：

你说得很对！的确应该更珍惜、更长久地使用物品。真是谢谢您！先接纳客户说法，再修正他的观点，希望对方不吝赐教，这样对方就比较不会太过坚持，沟通起来就容易多了。

要有听出弦外之音的本事

许多隐藏在心中的秘密，是通过双眼泄露的，而非嘴巴。

为什么简报做足一百分，却还是拿不到订单？

客户为何不买单？

问题出在哪？

顾客到底在乎什么？

客户到底表达了什么？我明明听到了啊！

我到底哪里出错了？

其实，懂得观察、听出弦外之音和解读，才是正式进行销售前的关键能力！

为人处世要想成功，少不了用心二字，无论是经商做生意、谈判或沟通，要想成功都需要用心。年轻时刚开始接触业务工作，我自认凡事心诚则灵、全力以赴，只要有"铁杵磨成针"的耐心和毅力，就能赢得客户信任和订单。但好运撑不了多久，我便赫然发现，生意人的用心是指在与顾客的交流沟通中，留意他们的弦外之音，达到懂心的更高境界，才能创造更多

意外的惊喜。

身为专业业务员,曾有人问我:"景气一直未见好转,业务员要能做得有声有色,最需要培养什么能力?"

我回答他:"做业务有两大难关,一是要承受得起无情的拒绝、打击和挫败,所以不但要具备高 IQ、高 EQ,最需要的是高 AQ——逆境商数;二是懂得知己知彼,才有机会签下订单,必须具备察言知人的技巧,摸清楚顾客的心思、想法和真正的期望,只有选对路线、方针,才能把产品的优点与客户需求结合在一起,给他们一个消费的好理由。"所以在接下来的文章里,我想告诉大家如何打开人际关系大门,成功达到无障碍沟通境界,个中关键即在于:你需要有听出弦外之音的能耐。

听懂弦外之音才不会表错情

中国人向来在讲话时,八成以上显得很含蓄,即便想要表达什么目的、想法,也不愿直接说明白,通常选择迂回委婉地讲述,所以听话的人需要懂得细心领悟与揣摩的艺术,你若无法听出弦外之音的真意,就会被视为智力低下的愚蠢

● 要有听出弦外之音的本事

之人，成不了大事。只要你认真倾听对方心声，抓住他们的心，获得认同，找对沟通方式，结果自然顺利。

1. 成功者的耳朵擅长听到弦外之音。想要打动对方的心，你首先要了解并洞悉目标顾客的内心、行为和情感，以及产品与目标顾客之间的关系。因此，当你和对方沟通时，除了了解本意，还要从他的说话内容和响应你的谈话间，努力听出弦外之音——彻底厘清那些不可思议并强而有力的想法。

2. 客户没说出口的，有时才是成交关键。当面沟通时，你要听的不只是对方声音的抑扬顿挫或谈话内容，还要听出他的弦外之音，这便是察言的功夫。最有效的说服基本功，应是你捕捉弦外之音的能力有多强。

3. 留意"话中有话"的信号。中国语言的博大精深，全在弦外之音上。如果沟通时，对方出现以下状况，那么你便要留意对方是否话中有话，领会对方的真正用意，采取适当的行动。而以下情况是对方"话中有话"别有所指的信号，他想说什么，必要时也可以制造机会让他表达。当然，交流结束前对方最后的几句话，也要特别留心。

对方语气突然改变时。

对方在说出某个字时的音调加重了。

对方故意做出暗示的肢体动作或特殊表情。

对方突然停止谈话，你要明白他的意思。

对方认真地看着你，并且重复说着同一句话时。

对方想插话却欲言又止，你就要结合自己刚才的言语推断出实情。

察言是识人、知人和说服人的首要关键

察言是技术含量很高的一门学问。人们内心的思想，有时会不知不觉地从口头上流露出来，因此，与别人交谈时，只要我们留心，就可以从谈话中窥探别人的内心世界。所以并不是需要所有客户都直言不讳，你才能听懂对方的意思，听出弦外之音绝对有其必要性。因此，除了要提升基础的沟通知识之外，你必须强化察言的真功夫——在倾听对方心声时，真正分析出对方的心理需求。但请记住，可千万别听错了！

你有没有发现：在和对方的互动沟通中，只要我们稍加留意就能发现，对方许多听似平淡无奇的话语，往往隐藏着他们不便明说的心迹。比如谈生意时，当我们充满诚意地向

对方表明已给出了最低价时,有些人会领情、欣然接受,但有些人却丝毫不为所动,甚至会无意地补说上一句:"我在XX店买的也是这个价格。"这时,我通常会接着说:"看来大家卖的都是最低价。一样的价格,你给我机会,特别照顾我的生意,谢谢你了!"

面对不想领你情的顾客,你主动表示一下,带给他们的将是一种印象深刻的情感体验。原本只是关系一般的顾客,很可能就因此成为你的忠实顾客。在这个基础上,运用语言技巧,从容应对,就能营造出一个真诚愉悦的交流氛围,牢牢抓住顾客的心,进一步顺利扳回一城。

说话方式反映内心真实想法

一般说来,一个人的感情或意见,都会在说话方式中表露无遗,只要仔细揣摩,即使是弦外之音,也能从说话的帘幕下逐渐透出来。

1. 说话快慢是看破深层心理的关键。若对某人感到不满、不喜欢或是持敌意态度时,这时我们说话速度都会变慢,有时还会出现词不达意的感觉。再者,若是有愧于心或说谎,

则说话速度一定会比平常更快,而且显得慷慨激昂,因为唯有如此,他才可以解除潜藏的不安。

2. 从音调的抑扬顿挫中看破对方心理。当两个人意见相左,某个人提高音量说话,此即表示他想压倒对方。对于怀有这等企图的人,说话时一定会有意地带出抑扬顿挫,企图制造一种与众不同的感觉,借此吸引众人注意力,也就是自我显示欲隐约透露出来了。

这时请记住:每个人说话内容的背后,都有不能说的秘密,这些对话内容的背后都有其目的性存在,你一定要正确解读和判断,才不会发生误会,得罪对方了却还傻傻的不知道哪里出了问题。

缺乏热情，你的魅力如何展现

当你对某种产品或事物感到兴奋和热情，别人一定会注意到。他们会采取正面行动肯定你，甚至支持你。因为他们也很想知道，究竟是什么东西这么好？

香港利丰集团主席冯国经被《时代》杂志列为亚洲六十年来的英雄人物。他在一次哈佛个案的教学课程中，以自家公司的经营经验告诉学员：小型贸易公司能不能做成大生意？我认为这不是问题，因为热情才是经营的关键。

冯国经指出经营制胜的 know-how，在竞争白热化的世界中，做生意的决胜关键在于燃烧的热情，让你的热情结合实务，运用各种手段去处理，这门生意早晚就是你的！被称为设计鬼才的乔布斯如今虽然已经落幕，但他的经典励志名言的影响力仍然留在人们心中。乔布斯利用热情改变了世界，我特别喜欢2005年他对斯坦福大学学生演讲时所说的一席话：在你们每个人的生命中，工作将占有很大一部分，而你要做自己真正觉得很棒的工作，这样才能真正感到满足。想

把工作做好，方法就是去热爱你所做的。

同样的，在人际往来沟通和销售沟通时，有热情的人通常给人一种积极的感觉，因为热情会产生动力，而动力能决定一件事情的结果。我们在沟通过程中，尤其是跟对方讲话的时候，要积极展现热情，因为这是成功的基本要素之一。热情能够感化他人心灵，使人感到亲切和自然，缩短你和他人之间的距离，甚至迅速拿下订单。

因人而异，热情要表现得刚刚好

从事业务工作，若没有热情相伴，一切努力都可能会付诸流水。

日本的奥城良治被称为"日本的汽车销售之神"，也有人称他为"销售魔鬼"。而他的"魔鬼十则"，素来受到日本业务界的高度评价，这当中，奥城良治推崇的第一法则就是：要拥有奔放的热情，唯有奔放的热情，才是迎向成功的第一关键。这个观点真是一针见血！因为热情的确是销售成功第一不可或缺的因素。

有热情和有目标，加上肯动脑，你就是销售高手！只要

缺乏热情，你的魅力如何展现

你对营销工作感兴趣，无论你是刚毕业的社会新鲜人还是有经验的老手，无论你学历高低还是来自于何方，只要你有一颗勤奋上进的心，都有可能成为业务高手。

曾经，热情对待顾客一度成为销售服务的黄金定律，但任何事情一旦过度，往往就会适得其反。过度热情有时不但无法让人满意，反而会让顾客害怕迟疑，甚至掉头走人。有些工作虽然没有世俗所谓的崇高，但只要坚守岗位，谨守本分，认真做好每件事，持续做下去，这就代表了这份工作能为自己带来某种满足，你同时也能借此贡献自己的价值，增进社会福祉。

同理，热情不该沦为某种高谈阔论，或被过分歌颂的精神典范，就像不是每个人都渴望谈一场轰轰烈烈的恋爱一样，但即便过程不够刺激，我们也不能因此否定他们没有认真爱过，因为有些人的特质就是非常低调含蓄，偏好平淡如水的感情生活，我想再次强调的就是：沟通其实也一样。

因此，再怎么热情也要有度。

我的建议是，不妨依据对方年龄来进行沟通，因人而异，充分掌握这个度，让自己的热情换来对方的认同和肯定，达成双赢！

以下我再依据沟通对象的年龄，依序分为老年群体、中年群体和青少年群体三类，把握每个群体的模式与特征，再结合个体量体裁衣的状况，灵活运用你的热情，认真对待每个人，自然容易打动聆听者的心。

1. 对待老年群体，请展现高度的热情。年长者特别在意你的热情程度和服务态度，所以，在对待他们时，请保持高度热情，配合嘘寒问暖、细致服务，聊一聊购物目的以外的事情，有了关心备至的态度，自然就能赢得他们的心。

2. 针对中年群体，请依实际状况，展现适度的热情。中年群体的经济能力比较强，也有丰富的人生经验，进而形成了稳定的特殊思考习惯，见面时，以一般的社会礼貌接待就行，不用过度招呼，和他们沟通时，也请尽量地少说多听，待充分了解他们的想法后再做回应。

3. 针对年轻群体，就让他们自由随兴一下。当他们有需要时，再展现低度的热情，由于年轻人思维活跃、消费求新求异的特征，我们和他们双目接触时，点点头就可以，不用太过招呼，更不必亦步亦趋，只要给他们一定的自主选择空间，同时察言观色，耐心且细致地观察他们的行为，当他们有需要时，立即展现热情应对即可。

请记住,倾注热情的关键点就是真诚待人,这将会产生无比的冲劲和影响力,进而赢得人心,创造惊天动地的成果。

创造热情其实有方法

试着找出自己的热情,诚如找到信心和机会那样,要靠自己创造,而非等待他人来点燃。如果说人生就像一本故事书,你觉得自己的故事是什么内容呢?是值得让人一读再读的吗?当你在自己的人生中多加一点热情,你会发现自己开始关心工作、任务、目标和价值,懂得去关注相关课题的进展,正如同乔布斯绽放出亮眼的成绩一样,让人生变得更具可读性,你可以根据下列方法开始创造属于你的热情:

1. 设定小目标,逐渐锻炼热情。不要想着短期内就可以热情四射,变成业务高手,期望愈大失望愈大。先设定一个短期目标,如十天、二十天,慢慢增加熟练度和自信心,你会发现实现目标会变得容易许多。

2. 找个同伴来互相鼓励。独自一人锻炼热情,过程可能非常枯燥、乏味、孤独,建议你不妨找个伙伴一起来,除了可以互相督促,还可一起讨论锻炼的经验与成果,更快达标!

3.顺利完成目标时,记得犒赏自己。别把热情当成难题,只要能当成本分做好,这时往往就会产生出一种小小的成就感。无须处处与人比较成就高低,那只会让自己陷入永无止境的自我否定中,因为你永远不会是郭台铭,郭台铭也永远当不了曾雅妮,曾雅妮则不会明白你领到薪水之后终于买下渴望已久的名牌包,心中萌现的那份小小喜悦感……

也就是说,当你顺利完成一个目标时,千万别忘了奖励自己,别担心自己现在看起来有多渺小,因为每一件小小成就背后,都有一定的价值和意义。

4.让工作和生活取得适当的平衡。做法很简单:认真工作之余也要懂得休息。到处奔波、努力工作固然很重要,但千万不要让身体过度疲累,影响到情绪、人际关系和判断力。真正的热情不应该只出现在工作上,而是应广泛运用到生活中的每个层面,例如去做义工、和好朋友喝杯下午茶、陪家人到国外旅游,或是满足爱看歌剧的兴趣爱好等。

始终假装热情洋溢,你会真变得很热情

你能以更轻盈的心态,而非沉重的角度去看你的工作、

人生，那么，你的心情将会更快乐，也将容易对工作和人生产生源源不绝的热情；而当遭遇困境或碰到阻碍时，也更能从中得到转化的力量，坦然、愉悦且有智慧地面对各种困境。

曾有一句名言是这么说的：假装你可以，直到你真的可以。这句话意味着，你可以借由假装来达成一些事情，例如，若你一直假装自己很快乐，那么到最后，你真的会变得很快乐；同理可证，如果你假装自己是个热情洋溢的人，那么所有人都会认为你相当热情，假以时日，随着时间流转，你就会真的充满热情。要知道，除了你自己以外，没有人可以让你拥有满腔热情的。

完美的"第一印象"有助沟通

一个人必须知道该说什么,什么时候说,对谁说,怎么说。

为什么有人很受欢迎,并且在与客户谈判后能够快速完成交易,而有人则是不太受欢迎,费尽唇舌还是很难完成任务?看看超级业务员是如何在与顾客见面时,给人良好第一印象的做法,这或许对你的人际沟通往来能有所帮助。

素有"史上最伟大的推销员"美誉的乔·吉拉德,是世界销售界的传奇人物,曾连续十二年荣登《吉尼斯世界纪录大全》世界销售第一的宝座:连续十二年平均每天销售六辆车,傲人成绩至今无人能破。他认为,推销的第一要点是先不要急着推销产品,先推销自己。也就是说,进行产品解说之前,务必要将你的完美第一印象成功推销出去。

● 完美的"第一印象"有助沟通

有好的开始就已成功了一半

我们总是会与某些人初次打交道，无论是求职、社交还是洽谈业务，给对方留下一个完美的第一印象，都是非常重要的。经验告诉我们，只要让顾客买东西时先喜欢上你，你的东西就变得好销售了。所以，当我们与客户初次见面时，要重视礼节、展现亲和力，才能消除顾客的防备心理。想想，如果你给人的第一印象太差，还有可能得到深入沟通的机会吗？懂得注重自身形象的人，总是能带给对方赏心悦目的感受，顾客即使不买，也不会对你反感，要知道凡事先有完美的第一印象，其他还有什么不好谈的呢？

接下来，我便要跟大家分享超级业务员推销自己给人完美第一印象的操作方法。

一、首次拜访客户，随时保持最佳状态

首次拜访客户，通常需要准备好一段开场白，进行必要的寒暄，从而创造一种友好的气氛。

1.寒暄应该友好而简短。初次见面，彼此寒暄客套一番，你这时通常只有三十秒的时间去吸引客户兴趣。寒暄不只是

打个招呼,如果随便带过,那跟不打招呼有何不同?事实上,正确的寒暄必须在短短一句话中给人以关怀、尊重。

2. 利用你的形象和微笑,营造亲和气氛。面带微笑,挺起胸膛,会令人感觉充满活力和自信,并会让对方感觉到你是一个很值得委以重任的人。如果精神松散,往往会给人留下邋遢、不专业、不牢靠的负面印象,自然也就不会赢得别人的好感、认同。

3. 让客户愿意与你交谈。客户往往是因为喜欢你这个人,进而喜欢你所介绍的产品;成功销售最重要的条件就是让对方喜欢你,客户愿意和你沟通,有话愿意跟你讲,有问题愿意询问你,而这位客户俨然已把自己的买卖权通通交给了你。

二、佛要金装,人要衣装

形象就像是人的脸,是专业、荣誉和尊严的象征。顾客愿意和你接触,双方从互不相识到了解认识,对你的产品产生兴趣和信任,直至买下你的产品,这就是通过一系列对你的形象认知程度来实现。

正所谓"佛要金装,人要衣装",这真是颠扑不破的真理。西方的服饰设计大师说过:"服装不能造出完美的人,但是

● 完美的"第一印象"有助沟通

第一印象的八成来自正确的着装。"对于必须随时和陌生人打交道的业务员来说,掌握以下两项重要的着装技巧,是非常必要的:

1. 没有统一要求的职业服饰。服饰常因个人的性格、爱好、身份、年龄、性别、环境、风俗习惯而异。虽然没有统一要求的职业服饰,但要根据不同的场合,穿着适当的服装。但切记,千万不要奇装异服,不要赶时髦或佩戴过多饰品,那只会贻笑大方。

2. 以清爽、符合自身形象为原则。不一定要穿名牌,但不管穿什么服饰,都应以稳重大方、整齐清爽、干净利落和符合自身的形象气质为基本原则。这些做法都将增加你的亲和力和沟通魅力,给人留下良好印象,使人愿意与你深入交谈。

三、讲求递送名片的艺术,让印象加分

在社交场合中,交换名片已经是一种礼貌。名片就代表你的脸,必须经常准备一定数量的名片,到时才不会发生名片用完的窘况,让对方认为你看不起他,引起对方的不快。

1. 我们要先递出自己的名片。拜访客人时,按照规矩,我们要先递出名片,同时再以双手接过对方递给你的名片。

2. 要快速记下对方的姓名、职称。在接过对方的名片时，应该浏览一下上面的文字，一是显示你的尊重，二也能够帮助你对对方有个更准确的定位，并牢记他的职称、姓名。至于花费太多时间看名片则是大忌，只要能够了解大概就行，否则把别人晾在一边等你，就有点失礼又不上道了。

3. 不要没事玩弄对方给的名片。将收到的名片摆放到名片夹中，以示尊重。此外，千万不要将名片随意丢在茶几上，或是无意识地摆弄对方的名片，也不要用手去触摸对方名片上的文字，否则会让对方觉得你一点都不尊重他，你们便不太可能有再见面联络的机会。

4. 认真聆听对方的自我介绍。当对方自报家门的时候，请记住他的姓氏，如果有职务，也请不要忽略，届时用恰当的称谓来称呼他。

万一对方有很重的口音，你一时没有听清楚，千万不要随便猜测。如对方姓沈，但是地方口音让你听着像陈，你可以这样问他："是耳东陈吗？"对方便会回答你："哦，不是，是沈阳的沈。"当然如果对方是很有声望的人物，你这样问，可能很不给对方面子，遇到这种情况，还是私下问问旁人比较妥当。

● 完美的"第一印象"有助沟通

要知道"细节决定成败",不要瞧不起任何小事,特别是商业礼仪。优雅的商业礼仪不只能展现温文有礼的风度,更是社交和沟通的重要工具,是你为了表示尊重、赢得信任而发出的信号,目的是能打破陌生感,拉近彼此的关系,并展现你的优质形象,提升你的专业竞争力。

四、用十五秒赢得第一印象

在商场上,第一印象是一个极需要善用的资源,通常对方观察你最初十五秒所得的印象,这对你后续的办事效果具有很重要的影响。因此,你永远没有第二次机会给别人你的第一印象,而得体的商业礼仪正是不可或缺的前提。

不要觉得商业礼仪的繁文缛节不容易上手,有一个好消息要告诉你,就是我设计了一套4C法,分别是:展现自信(Confidence)、掌控主导权(Control)、有所贡献(Contribution)和广结人脉(Connection),只要掌握这些要点去练习,就能提升你的商业礼仪水平,你会体会到优雅的商业礼仪有多么重要。

五、培养个人魅力只需二十一天

只要你用心练习二十一天，精通这些技巧之后，这些方法自然会内化成为你的个人魅力、行事风格。当你通过得体的肢体语言、眼神接触和行为举止，热情活泼而诚恳地运用这些技巧时，这些繁文缛节将能突显你的个人特质和专业特色，帮助你仅用十五秒就能赢得良好的第一印象，进而赢得交谈好感，赢得友谊，任何沟通都将会畅行无阻。只要自己的良好形象能推销出去，你的客户会马上喜欢你、认可你，和你热络起来，这样一来，说服对方将会变得更加轻松容易，职场上自然所向披靡！

√ 这样做就对了！

1.做好"接近"这件工作，永远不要违反沟通法则的第一条：用心认识和了解你的对象。沟通前，一定要多了解你的顾客，做好准备，千万不要大意或冒险行事，小心驶得万年船。

2.防卫心不要太重。身为销售人员，遭受批评和拒绝是

● 完美的"第一印象"有助沟通

必然的。除非你什么都不是、都不做、都不说,不然一定会被批评,你必须包容对方的不成熟与错误的论断,并且保持冷静。

3. 在表达自己的意见前要能复述对方的话,让对方明白你充分了解他,接着再来分享你的观点。

√ 这样做就对了!

1. 拿笔写下三十句赞美的话,只要看到人就说一句赞美的话,因为人人都喜欢听好话。

2. 知己知彼才能百战百胜,事前要充分了解客户的信息,摸清对方的心理和"底细",并在此基础上做好准备和赞美的工作。

3. 先放下自大和骄傲的心态,看重对方,然后真诚和发自内心地夸奖对方,须知赞美的时机是愈实时愈好。

✓ 这样做就对了！

1.与人沟通时未必要直言以对，若能说出"弦外之音"，传达言外之意，效果有时往往更好。

2.在与客户沟通的过程中，经常会遇到误解客户的想法和意图，而积极提问则可以充分了解客户的消费需求，尽可能减少误会。

3.要仔细"倾听"，根据对方说话方式来破除对方心理障碍，引导他表达出真正意图。

✓ 这样做就对了！

1.热情的服务态度为你赢得好人缘。记得在距离客户三米之内的范围内，就要开始露出微笑。

2.使用电话进行沟通销售时，即便看不到对方，你的面部表情一样要微笑，注意自己说话时是否带有热情。对于不是很熟的客户，则无须在电话中表现得太过热情，小心适得其反，让对方觉得有点虚假。

3.每个月找一天去做义工，和好友喝杯下午茶，每年抽

● 完美的"第一印象"有助沟通

空陪家人旅游一次,和喜欢看歌剧的客户去听听歌剧也好。

√ 这样做就对了!

1.逢人笑口常开,以嘴角上扬到露出雪白牙齿的程度效果最佳。沟通交流时,记得要直视对方,思考时也千万别露出眉头深锁的表情。

2.参加休闲社团或以兴趣取向的社团,不必那么计较服装仪容,但是,在企业、工商社团、专业论坛等场合中,就要对服装仪容斤斤计较。

3.掌握住时时刻刻展现自信,掌控主导权,有所贡献和广结人脉这些要点天天练习,提升你的商业礼仪水平。

CHAPTER THREE
深深打动人心的说服

人心是肉长的,人与人之间即便有着再坚固的高墙,你依旧有机会成功攀越!来吧,正式启动快速打破僵局的交谈模式,成功已在向你招手……

说故事正是我的强项

有些人认为，只有诗人才需要幻想，但这是没有理由可言的，更是愚蠢的偏见！因为即便是数学也需要幻想，甚至若没有它就不可能发明微积分。

正所谓"真相总是残忍的"，试问在现实人生当中，有谁喜欢没事面对赤裸裸的残酷？我们都知道想要说服他人接受自己的意见，那就要选择听起来顺耳的话做沟通，同样的，如果要说服别人购买产品，除了告知商品的基本功能以外，更需要靠说故事来感动人！

从小朋友到大，试问谁不爱听故事？我们都知道庄子"井底之蛙"的故事，却少有人记得《孙子兵法》讲了什么大道理。《圣经》中最有名的故事——"耶稣帮门徒洗脚"，那是耶稣教导人们要彼此相亲相爱。而中国神话中，牛郎织女凄美的爱情故事，更是让人们记住了两人一年一度在鹊桥相会的苦衷。

所以，当产品的真相、好处、价值能通过故事来包装时，势必更容易打动人心。

曾有心理学专家指出,回溯故事本身,就是娱乐、导引、告知和说服的最佳工具。说故事比一般性的解说更能创造亲和力,让理性的论证得到口语和听觉上的满足。当然它也比单卖感觉更能勾起一个人深存在脑海里的对过去的经验和未来的期待,既隽永且一致,说服效果更胜一筹。

说故事比说真相更有力量

举例来说,即便你从没买过 LV、海蓝之谜,但你至少也应该对这几个品牌的故事略有印象……回想电影《泰坦尼克号》里,杰克与露丝那段浪漫的爱情故事彻底感动了全球成千上万的观众。但镜头之外重现的片段是,这艘英国豪华邮轮在沉没海底八十年后的某次探勘行动中,科学家从海底打捞起一件那些富豪们当年带着家当漂洋过海的 LV 硬皮箱,撬开一看,里面竟然连一滴海水都没有渗进去。这是不是很神奇且令人赞叹呢?

而关于海蓝之谜的传奇故事,更是该产品本身功效的最佳代言人:距今四十多年前,一位任职于美国 NASA 太空总署的科学家，在一场实验中意外灼伤了脸，严重程度几近毁容，皮肤科医生也无能为力。后来，这位科学家决定自救，好不容易找到海底深处的海藻嫩芽，在历经十二年六千次的反复实验，终于成功开发出烧烫伤乳霜，成功治好脸上的疤痕。这个故事成功说服了全世界的名流，尽管产品本身单价之高令人咋舌，依旧趋之若鹜地大量购买。你说，这算不算高招呢！

其实，能帮产品编出一个好故事，有时胜过砸下千万宣传费用，同样的，如果故事本身能够联结真实情感，相信一定可以更深刻地打动对方的心或引起共鸣，自然缩短了沟通与说服的时间，以迅雷不及掩耳之势，成功建立彼此的信任感。

进行故事营销的两大原则

故事满足了人们对抓住生命典范的强烈需求，因为，生命不只是一场心智活动，里面还蕴涵着非常私人、情感的经验。所以，要说个好故事并不容易，需要掌握以下两个原则，才能事半功倍：

● 说故事正是我的强项

一、巧妙地表达故事重点

说故事之前，应该要先决定该故事所要传递的主题与重点，然后在构思故事的内容与情节时，谨慎选择素材、安排角色，然后运用戏剧张力来引起注意，造成震撼。

比如我曾看到一篇网络报道说，有某位知名创意人，偶然间在纽约街头看到一个瞎子的前面摆着一张写着"我是瞎子"的大纸板，希望路过的人们能够同情、施舍他。对瞎子产生同情心的创意人身上没有带钱，于是就对瞎子说："这样吧，我来帮你加几个字。"后来想不到的是，瞎子的脸盆里竟然装满了钱。

那句让路过的人无不为之动容的话，就是"现在是春天，而我是瞎子"。

故事中"看不见"本来就是瞎子的特性，但加上"现在是春天"，更凸显了瞎子无法和正常人一样看见美景的哀愁，这就是独特的沟通点，也是你要沟通的信息，引发对方采取积极行动的关键。

二、要注重分享的效应

据了解,全球最大的护肤及彩妆品直销企业玫琳凯最擅长用故事营销,它要求每位美容顾问每周分享自己最感动、最快乐的故事,因为一个故事若不分享,那就只是一个故事,一旦通过分享,就会变成 N 个故事。

好的故事不需要向消费者推销商品,而是在说故事的过程中联结听众的人生体验,唤起过去的情感回忆,产生共鸣,让大家感动,愿意自己说服自己。试想,你想说服的人,自动地从你发出来的信息中找到说服自己的理由,那结果是不是得来全不费功夫呢?

催眠式说服,让每个人都愿意跟你做生意

自我催眠的威力,远胜任何一种外力的洗脑。

小许花了新台币两万五千元买了一台三星的新手机,好友老林看到后,抨击这台手机质量不优也太贵,小许听完后非常生气,大骂老林没眼光没品位没见识,双方为此一言不合,之后,从此不再见面……

小许之所以大骂老林没眼光没品位没见识,这就是小许启动了自我防卫机制,也就是小许在感性上将自己的自尊和人格都投射到自我选择上,认为自己的选择是对的,绝不容许别人质疑,而既然自己的选择不容置疑,那么结果肯定就是抨击对方有问题,总之,自己认为对的事情就绝对不会有错,如果有错,那肯定是别人犯错。

这种催眠自己的过程,就是典型的自我合理化,只要碰到意识上冲突的时候,为了维持心智的平衡,人就会开始将碰到的问题合理化。换言之,人只会相信自己愿意相信的东西。

从心理学来说,对自己意义愈重大的事情,合理化的过

程往往会愈强烈、愈极端。假设今天花一百九十九元买了一件花衬衫，但下水洗一次就发现毁了，一般人当下多半会归咎于店家太无良、卖瑕疵品、自己有够衰，并在隔天迅速忘了这档子事。但若这是花了你一个月薪水买的昂贵手机，那么合理化程度肯定会变得非常明显，毕竟这是自己精挑细选、万中选一的结果，自然不容许被人随便批评和指责。

我们都知道精挑细选、万中选一是一种非理性的自我防卫机制，因此，我们要让一个顾客认同你进而扭转品牌印象，最好的方式就是创造一堆非理性的攻击，接着让他自我催眠就够了。同时，我们在和他沟通时，也可以进行催眠说服，帮助他强化自我催眠的效果。

"推定承诺法"是典型的催眠式说服

开发新客户时，你若希望顾客答应和你碰面，你会怎么说？

一种说法是："突然给你这个电话，非常抱歉！明天你什么时候有时间？"另一种说法是："如果明天去拜访您，请问上午十点或下午两点哪一个时间比较方便呢？"

标准说法当然是后者，因为这里用到的就是"推定承诺法"，也是典型的"催眠说服法"。而所谓的催眠，就是一连串使人相信你说的话，并使他采取行动的过程！

至于说服，就是一连串使顾客相信你说的话和建议，让他点头购买行动的过程！

在消费意识日渐高涨的时代，我认为和顾客沟通时，最具效益的说服法就是"催眠式说服"。在上一章中，我提到说故事是快速打动人心的感性说服法，其实，真正良好的沟通技巧经常是"理性与感性"双管齐下的，就像母亲管束自己的孩子需要"恩威并施"，借此取得平衡，毕竟连天气都有晴天下雨的时候，遑论人的情绪……所以我们在面对任何人的沟通时，必须一并考虑情绪上的浮动因素，要明白"言词"好似一把双面刃，若使用不当，便很容易伤人伤己。有时候，只要稍微变化一下措辞，试着站在对方立场想想，往往就能成功说服对方。反观有时只是几句无心之话，也可能会招来很大的误解。

因此，我把"催眠式说服法"归类在理性销售的方法中，我们只要灵活应用，它就能轻易避开任何情绪地雷，达到良好的沟通效果。一位研究"催眠式说话技巧"的权威教授曾

强调:"只要使用催眠说服法,任何人都可以自如地操纵对方。"我相当同意他的看法,也敢向你保证,在生意沟通往来上,只要你知道如何活用"催眠言词",一定能够成功影响每一个人,让他认同你的建议,迅速完成交易。

开场时的两句话,远胜之后的千言万语

高效益的沟通最忌拖泥带水,请记住:最前面的几句话,远胜过后面的千言万语。所以,第一句话就要深深吸引对方的注意和兴趣,最好能激起对方想洗耳恭听的欲望。

专业的广告文案都懂得应该就在文章的开头强调利益所在,但是他们不会告诉你为什么这样做。我的经验是,如果你能够参与消费者的自问自答,你就能够迅速与他展开沟通。比如说房地产广告,如果你的开场白是:还在当无壳蜗牛吗?雨天的时候多期待能躲在属于自己的屋檐下……相信会比直白的陈述更吸引人注意吧!

那么,究竟要如何具体使用催眠技巧来打动说服对方呢?以下五个入门技巧谨供大家参考:

1. 使用"二择一"法。约对方会晤时,采取"上午呢,

还是下午?"的二择一法,对方的注意力就会转向选择,就不容易拒绝。

2.偶尔赞美竞争对手。与人比较时,千万不要攻击对手,反而要说出对方的一些优点,然后再强调自己的优点比对方多,也比对方强!

3.用"幽默"的口气说话。使用催眠言词,对方就会被你诱导并认同你的说法。以幽默口气说出对你不利的事。

4.说出商品的价值和好处。使出一般平淡的推销话术,很难打动顾客的心。介绍商品时,你必须强调自家商品的好处、利益和价值所在,并且要拿出证据来佐证。

5.必须赋予商品权威性。搬出名人、专家、达人等来帮衬商品,提高催眠效果,因为一般人比较容易接受已经发生的事。

以好处、价值利诱,成功获得支持

营销学上,说服的要求很简单:方法得当,言简意赅,态度诚恳,也就是说,既要全面介绍商品,更要突显出重点;既要实话实说,又要突显商品特点;既要做好商品宣传,又

要尊重顾客的不同爱好。同理可证，假使我们要说服别人认同我们的商品，你可以从以下几个重点来进行：

1. 扼要、具体和准确。介绍、说明事情要简明扼要，不啰唆；要具体，不抽象；要准确，不要模棱两可。

2. 沟通时请讲重点。要根据达成目的的不同对象、不同时间、不同地点、不同目的，抓住特点，有重点地进行沟通。

3. 多说商品能带来的好处、价值。说出商品的好处比说出商品的特性更有用，因为他们更关心这件商品对他们有什么好处？如果是一个男生想追女生，标准话术的句型是："和我交往（产品功能），你就可以过得更快乐（产品利益），也就是说，你的日子不会再寂寞无趣（顾客利益）。"

说服最重要的一部分就是接在"也就是说"后面的描述。此外，要记得在过程中采取存异求同的模式来进行沟通，要学习尊重对方跟我们持不同意见的立场，然后不断地把你的要求串连到之前所说的内容上，能让对方享受并认为重要的"独特利益"上。也就是说，要尽量简洁回答对方没有说出口的问题，例如"这对我有什么好处"，进而使对方相信，这件事真的会给他们带来无限的好处、价值。

善用暗示的力量

> 所谓信仰就是自我暗示,在潜意识中被宣布或反复指点后所产生的一种精神状态。
>
> ——拿破仑

中国当代女作家铁凝说:我比较喜欢厨房,我会从日本背一个锅回来,有一个小铁锅,特别有意思,买个锅回来,感觉特别高兴。我跟你说这些,想说明什么?我不是要男人来为我服务,其实我没什么更高的境界,这些琐碎的事情很能引起我的兴致。但是又因为这样,可能更多的人会觉得这个人要躲得远点。确实有一些好机会被我错过了,有一些好的暗示我可能会没有理睬,或者是彼此错过,但事情已经这样了。我见过好的婚姻,他们会彼此成就彼此提升,但是如果是一个坏的婚姻……

这段话其实也是一种暗示,暗示我们在观察别人的行为时不要太主观,有时需要反复推敲,真相才会浮现;同样的,

如果是身为接收暗示的人,在情况对自己不利时,也可借力使力,以暗示的方式扭转乾坤。

暗示具有积极、消极的负面作用

据说,在1985年美国洛杉矶有一场观众达五千人的足球赛。在现场观赛时,有六个人反映胃部不舒服,有人则反映肚子很痛,有人甚至想呕吐……工作人员了解状况后,猜想他们是喝了场内某个牌子的饮料后出现的不良反应,于是广播告诉大家:某牌的饮料有问题,提醒大家不要再喝。不料,在广播播出后不久,竟然有二百多个人相继出现食物中毒的现象,陆续被送往医院救治。

所幸,该品牌的饮料马上送检,结果发现饮料完全符合国家卫生标准。这时,广播又立即播出了这个检验结果,消息也迅速传回了医院,那两百多名患者竟然神奇地不药而愈,全都兴高采烈地跑回球场继续观赛。

我举这个例子所要传达的是,暗示效应不仅有积极的作用存在,它有时也有消极的负面作用。

• 善用暗示的力量

利用暗示效应进行沟通

所谓"一种米养百种人",沟通有时未必一定要说白话!特别是在亚洲国家,有时表达太直接可能会失礼或造成尴尬,建议说话还是谨慎为上。要想说服目标人物,如果利用逻辑说理一味讲述大道理,有时其实很难说服对方,这时候,你不妨利用暗示效应来进行。

严格来说,人并非百分之百理性的动物。各种意念、决定,往往受到部分非理性的感情因素所控制。因此,即使是讲道理,有时也必须借着暗示的力量才能发挥效果。同时,使用暗示时也别忘了要拿出实证,方可对人们潜意识中的动机产生强烈的影响。

需要提醒大家注意的是,暗示法并不适用于一切需要说服的对象,受暗示者必须是那些反应灵敏、理解能力比较强的人,因为他们的思维比较敏捷,遇事时能够举一反三、触类旁通、善于联想和思考。

万一不幸的,你遇上的是一个反应迟钝、理解能力差的人,你所发出的暗示信息就会像秤锤掉在棉花上——没有回音,得不到积极响应,那就糟大了!

进行暗示效应的三种方法

打开家里的衣柜、鞋柜和书柜,检查一下里面的东西,你一定能找出一些并不喜欢的衣服和家里无人能穿的鞋子、书本等,这些东西买来后或只穿用过一两次,或根本不曾派上用场,长时间放置在那儿,完全没有发挥效用。

我要告诉你,这些钱有九成是在消费中的暗示效应作用下花掉的,当时,你可能受到环境的暗示影响,例如同事穿了一件新的牛仔裤来上班,整天受到同事的赞美,而你便可能在希望受到同样赞美的预期心理下也去买了一条。结果,买来后发现你穿起来一点也不好看,所以只好扔在衣柜里……

再者,也许是受到促销手段的暗示。例如某个新品广告说,某件商品大清仓特价优惠,原价5000元,现价只需999元。你这时可能会突然冲动地买下一件。之后发现并不适用,也就是降价至999元的好处对你毫无帮助,反而让荷包多失血了999元。

要不然就是受到陈列环境的暗示。例如一件Polo衫,价钱一样,摆在地摊上无人问津,你也看不上眼,反观若摆在百货公司的精品专柜里,你看到许多人大排长龙抢购时,你便可能会不自觉地停下脚步，想了一下之后觉得机不可失，于是也跟着排队抢购，结果可想而知，就是"赔了夫人又折兵"。

在销售时，建议你可以利用以下三种方法进行沟通引导与暗示，反客为主，借此达成期望的结果：

一、反复暗示

是指利用相同的内容或表现方式，从各个角度反复要求的方法。一般人只要反复接受相同的刺激，都很容易引起注意和产生兴趣，反复要求的效果所产生的亲切感，对沟通对象的需求有莫大的暗示。商谈中不断反复提示商品名称或对方名称，反复说明产品优点，或反复询问对方对产品的看法，都可以获得暗示的效果。

二、吉利暗示

很多人都会重视运气好坏、吉日或凶日、风水好坏等，利用这种趋吉避凶的心理，通常可促使暗示成功，例如"大家都说我是财神爷，常常替顾客带来财运！""今天可是大吉大利的日子呢！"

要明白人都希望事情往好的方向走,正面的暗示更容易被他人接受。

三、利用权威暗示

利用"权威暗示"说服就是借助知名的专家、学者、英雄、模范、领袖人物,通过这些人物的权威感、言论对事物进行褒贬,或其他厂商的知名度暗示对方,让对方乐于接受。例如:"我们公司和A公司也有交易。""这个商品被经济学者XXX报道为划时代的商品,而受到瞩目。""八成的顾客都会挑选这款产品。"

以上三种暗示说服技巧,都需搭配委婉的话语,或示意的动作使对方领会,能自觉地接受你的建议或所推荐的产品,这种效果绝对大大好于强迫、要求、指挥的语言,能给对方留有思考的缓冲余地,起到认同的效果。

善用心理暗示取得成功

我常告诉营销人员,你的业绩高低不全然控制在客观环境里,有九成是存在于你两耳之间的脑海中。所以,你最好在和顾客谈话前,先做好"我一定能够做成这笔买卖"的必胜准备。

话说有一位代理国外知名印刷设备的厂商,经营一年后,业务始终未见好转,业绩差到几乎都想收摊放弃了。而为了再撑下去,老板成天绞尽脑汁想找出好办法,希望业绩能够有所突破。直到有一天,他突然茅塞顿开——老方法行不通,换个不同的方法试试看,说不定有效。

第二天,他录取了一个既无经验又缺乏自信的业务员,并拿他来当试验品。

在一番标准的"你能办到"的激励谈话后,老板对这位新进业务员说:"小伙子,我派你到对街十二楼去看一个包你做成生意的准客户,我通常都让新人去拜访这个客户,因为他总会给我们一些生意来做。不过我特别要先警告你,这位老板脾气很坏、行为古怪又满口脏话,反正就是会让你觉得他好像要吃了你,再吐出碎骨的怪胎。

"心情放轻松点,小伙子,虽然他有点怪,但只会吹吹胡子、瞪瞪眼睛,乱叫乱说,绝不会咬人;记住,不管他说什么,你都要待在那里不要离开,一有机会就说:是的,我非常理解你的看法,但我有本市最好的印刷服务,这正是你应当得到的!他说什么都没关系,你坚持立场就行了。记住,他总是会给新的业务人员一张订单的。"

这位新进业务员为了争取第一单生意,自然是天不怕地不怕,立即跑到对街十二楼去见那位怪老头,立马热情寒暄、自我介绍,然而坐下来说不上几句话,怪老头马上插嘴,业务员就只能听那位怪老头说尽了各式各样的脏话和极尽挑剔的批评……

然而事先获得警告的业务员坐在座位上,傻乎乎地听那怪老头说话,心情非常平静,并且照着老板的指示回话。

如此周旋五十分钟后,业务员竟然拿到了这家公司有史以来最大的一笔订单。这名年轻的业务员兴奋地拿着订单飞奔过街,把订单送到老板桌上说道:"老板,你果然料事如神!那个家伙是个'怪人'!但他虽然脾气坏透又满口脏话,却也是个最好的买主!瞧瞧我弄到的大订单!"听到这里,老板完全傻眼了,吃惊地看着订单说:"我的天啊!你找错了对象吧?你说的那个'怪人'可是我们碰到过最难缠的客户!我们一年来都做不到他一块钱的生意!"大家一定很好奇,为什么一年来其他业务人员都没有搞定的客户,这位年轻的业务员能有办法促成呢?

● 善用暗示的力量

其实，关键在于这个业务员在进门前已接受了老板所给予的"会给新人一张订单"的信息，他已在心里做好自我暗示，建立了"我一定能够做好这笔生意"的心理准备。他所做的只是完全准备好，走过去和客户对话，甚至愿意挨骂，因为他笃定自己一定会做成这笔生意。要知道"心理暗示"非常有效，只要你在和任何人互动前，不断暗示自己一定会成功，一定会成功，一定会成功，那么，即使现在不乐观，最后达成共识的可能性依旧会大幅提高。

请大家要牢记：帮助我们打开沟通成功大门的钥匙有好几把，但其中排名第一的钥匙叫作"我一定会成功"！

说服的大忌：害怕被拒绝

每个业务员被拒绝的方式都不同，你早晚都得找出专属的应对方法和解决之道。

据了解，有九成的业绩是来自于客户说 NO 之后，而一个业务员之所以阵亡，有百分之九十五是因为无法面对客户说 NO，也就是说，因为无法跨过害怕被客户拒绝的阶段，所以提前阵亡了。

据了解，业务菜鸟害怕被拒绝，因此导致不敢向客户开口要订单，加上沟通时表达不清楚，甚至是不敢开拓新客源，原因为何？据我了解，背后真正的原因只有一个，就是看不见自己的价值和商品能为顾客带来的价值。因为看不见这些价值，在心理上便会觉得自己的工作像是在求客户赏脸，因此，沟通时的气势往往矮一截，交流时欠缺自信，结果当然是换来客户的拒绝。

• 说服的大忌：害怕被拒绝

人在害怕的情况下会做错事

我常跟学员说，想要在销售行业中如鱼得水，财源不绝，就必须不怕顾客提出反对意见来为难你，让你手足无措，其实同理可证，要成为一个顶级销售，首先必须克服害怕被顾客拒绝的心态，这样才不会在害怕的情况下做错事，这样才有机会成为一个强者，甚至是超人。

看过很多名人或巨星接受访谈的片段，不难发现这些成功人士都曾经历过受人冷落、白眼甚至被拒绝的命运，我想他们必定是成功克服恐惧，跨过被人排斥的心理障碍后，最终方才得到多数人认同，赢得尊荣。

那要怎样做才能彻底克服被顾客拒绝的心理呢？首先，你一定要有个正确的认知：拒绝是经济世界中，对任何一种推销行为的标准反应模式，拒绝不是针对你个人而来的，和你毫无关系。所以我要告诉各位一个秘密，那就是：拒绝的隔壁就是成功，要想成功说服他人接受自己，一定要不害怕被拒绝的挑战！其次，你要清楚自己工作的价值在于：帮客户买东西。你要相信自己提供的商品一定可以协助客户，不仅解决客户的问题，更带给客户更多的价值和更美好的生活，如此一来,沟通时会自信十足,言谈铿锵有力,态度坚决笃定,自然较容易说服客户。

面对拒绝,要想得开

世界顶尖的美国著名激励大师、励志演说家金克拉曾说:"记住,别因为失败而全盘否定自我。"其实在各种人际关系、利益往来上都适用,记得把你的沟通对象当成朋友看待,而要想提高取得共识的概率,有以下几个绝招可以应对:

1. 转念,换个角度思考一下。想一想,还没开始进行销售前,客户本来就处在没有买的状态,所以跟他沟通时即便被拒绝也无妨,不过就是回到一开始没有买的状态,你也没有损失啊!

2. 面对拒绝,要想得开。被拒绝是常态,不必太在意。自己学着想开,也要帮助对方想开,想开是沟通达成共识的前提。

3. 转念,把对方想成大好人、财神爷。在你出现消极想法时,要马上把这些想法丢到九霄云外,改以更积极的想法取代之。

● 说服的大忌：害怕被拒绝

4. 学会对挫折视若无睹。每次遭受拒绝后，都要相信下一次会更好。

5. 每天输入积极、正面的想法。平日培养阅读励志人生书籍的习惯，有信仰的人也可阅读《圣经》和佛书，或听一些销售培训的 MP3、CD 等，这些都能帮助你做好正面的心理准备。

6. 培养"不在乎"的性格。不用太在意别人的看法和批评，这样能够使自己比较放松，怡然自得地与任何人相处。

7. 请与"负面思想"的人保持距离。避免和修行比你逊色的人走在一起，这样，你就不容易受到他们负面言论和思想的影响，拒绝说不的人生。

除了以上方法，还要搭配冷静的态度来辨别真假。曾有调查显示，九成的人会惯用某些理由来拒绝旁人要求，比如"我没听过贵公司的名字""你的产品价格疑似太高""你的个性不好""你能提供的服务无法满足我"等等。要明白往往拒绝愈多、挫折愈大，胜算其实也就愈大，一定要学着以平常心面对拒绝，千万不能因为拒绝而影响心情。

面对拒绝的五种心理准备

每一个人都有跌倒的时候,即使是销售界的传奇人物也不例外。

日本"推销之神"原一平认为:一个成功的业务人员在遭遇挫折或失败时,要能永远不认输,屡败屡起,咬住不放,坚持到最后胜利为止。原一平直到二十七岁才进入保险业,在经历了一次又一次的事业挫败后,身高只有一百四十五厘米、体重五十公斤的他转职应征保险员。凭着强烈的进取心说服主考官录取,但由于先天条件不佳,在最初推销的前七个月,原一平没有拉到一块钱保险,日子过得相当凄风苦雨,直到他巧遇一位高僧吉田胜逞指点他:"人与人之间,像这样相对而坐的时候,一定要具备一种强烈的魅力吸引对方,如果你做不到这一点,也就没有什么前途可言了。"原一平最后真心接受了别人批评,反省自己并战胜自己的缺点,改变自己,最终成为日本寿险界的卓越贡献者。

要想成为一个具有魅力,有能力沟通说服别人的人,首先就要问问自己能否像原一平一样面对别人的批评,在自我改造和修身方面,"每天进步一点点。"他相信,一个人如果能够做到每天进步百分之一,一年下来的成果就大得惊

● 说服的大忌：害怕被拒绝

人！除了对内求进步，克服自卑感，你也可以试着采取以下方法来对抗被拒绝的恐惧感，成功消除害怕的心理战：

1. 直接面对被拒绝的恐惧。要克服恐惧，你要做的不该是逃避，而应主动去挑战它、克服它。爱默生说："只要你勇敢去做那些让你害怕的事情，害怕终将灭亡。"如果你害怕拜访陌生人，克服害怕的方法就是不断地面对陌生人，这样一来，恐惧自然会逐渐消失。潜能专家博恩·崔西称作为"系统化解除敏感"。这是一种自我激励的技巧，更是建立自信心和勇气最好最有效的方法。

2. 为"被拒绝"重新下定义。你可以这样定义：唯有当我半途而废，没有坚持到底的时候才表示我被真正地拒绝了；唯有当我放弃沟通，没有约他见面的时候，这才表示我真正被拒绝了。这样的思考，可以增强行动力的积极定义。

3. 把失败看成是意见的回馈。用乐观的心情看待被拒绝的事实。乐观者较容易成功。与其杞人忧天或过分在意不理想的结果，不如去思考更积极的方法，找出可行的制胜方案。

4. 勉强自己去开发更多机会。假设你是一个菜鸟业务员，只要拜访的客户愈多，你就愈不会视拜访客户为畏途。只要你每天全力以赴拜访客户，拼命推销，不管是否被拒绝，你总有一天会达到"我再也不怕被拒绝"的境界。

5. 每天都要更积极地肯定自己。成功一定有方法，失败也一定有原因，所有的自信、勇气、热忱都源自于积极的自我肯定，这是在你对抗并战胜害怕被拒绝所需的力量——一份肯定自己的力量！

被人拒绝罢了，没有什么好怕的

请永远提醒和激励自己："不怕拒绝，拒绝没有什么好怕的！"并且大声告诉自己："我要让拒绝来磨炼我的意志，让我更加坚强；我要让拒绝来锻炼我的能力，让我更加有力；我要让拒绝来开导我的思维，让我更加聪明；我要让拒绝来增加我的经验，让我一定达成目的。"

莎士比亚在其著作《皆大欢喜》中曾写道："我们成长成熟的任务就是展现生命的不屈。"任何有价值的秘诀和财富都不会轻易地从天而降，业务员被拒绝绝非坏事。我一直很珍惜并欣赏通过自己的努力所获得的成功秘诀，绝对不会轻易地丢弃。现在把我的经验、智慧全部打包好告诉你们，但我不可能再一个一个带你们到现场教导你们，你必须自己亲身去经历，才能上好这一课，因为你要学会自己长大啊！

激发认同感，把握瞬间成交的良机

八成以上的菜鸟业务员之所以得不到订单，并非是因为他们不够专业和不努力，而是因为他们不懂得瞬间成交的道理，无力辨识并捉住客户的购买信号，白白失去成交的大好时机。

我们都知道说服是一门大学问，无论在工作上还是生活中都有着决定性的影响，操控着我们的生活质量和命运。说服看似简单却有难度，不但要因地制宜还要因材施教，说服一个人的最好办法是设法站在对方立场为他着想，让他也能从中受益。

当然，在这之前，我们首先要说服自己建立健全"乐于付出"的心态，这样我们才能以服务他人的诚恳态度去追求想要的结果。所以请先问问自己，你想选择的是付出，还是索取的人生？

你真想要坐享其成的人生吗？

有一个故事是这样说的：一位姓刘的秀才和一名王姓员外死后，双双来到地狱报到。

阎罗王看过两人的功德簿后对他们说：你们两人生前没有做什么坏事，我特准你们来生投胎重新做人。但你们还是有两个选择可以参考：一是做付出的人，另一是做索取的人。也就是说，一种是需要付出、给予的人生，另一种则是需要过索取、接受和坐享其成的人生。待阎罗王讲完后，就让两人慎重考虑从中做一个选择。

刘秀才心想，我上辈子的日子过得并不富裕，经常填不饱肚子，现在准许可以坐享其成就行了，我怎能不把握机会？于是他抢先说道："我要做索取的人。"王员外看到刘秀才抢先选择来生要过"索取、接受"的人生，自己于是只好选择"付出、给予"这条人生路，他想到自己前生经商赚了一点钱，就当作来世都把它们施舍出去好了……于是，他心甘情愿地选择做一个付出的人。

阎罗王听完他们的选择，当下即判定二人下辈子的命运：刘秀才甘愿过索取、接受和坐享其成的人生，下辈子做乞丐，

● 激发认同感,把握瞬间成交的良机

整天向人索取饭食,接受别人的施舍。王员外甘愿过付出、给予的人生,下辈子则做富豪,行善布施,帮助别人。

看完这则故事,我们由此可知,每个人在说话时其实也同时在选择心态,心态决定一切!利他就是利己,能放下自己的人,沟通才能无往不利。

说服老板,首重不要逆鳞

在公司上班,对内沟通最需要能说服老板,对外要拿到业绩最需要能说服客户,这两者都是我们的衣食父母,攸关着我们的事业前途。初生之犊不畏虎,很多年轻人刚出社会工作敢做敢言,过分强调自己的主张,得罪老板而不自知,哪里明白沟通时不要逆鳞,你就是老板身边的核心分子或心腹,很快就可一箭双雕:成为"大红人"和提前升职、加薪。

韩非子提到"说难"一词,指的是说服国君的种种困难。韩非子认为向国君进说是一项高难度的工作,困难不在于进言者的知识或缺乏辩论能力,而是在于君心难测。在中国,龙是一种传说中的神物,生性温驯,但是它的身上约是喉咙下方有一片生长方向与其他鳞片相反,一般称为逆鳞,它只

要被稍稍碰触到，龙就会发怒。

韩非子的言外之意是，每位君主都有一些罩门或不容冒犯的地方，万万不可随意碰触。从韩非子的建议中可以学习到：当我们与老板相处或沟通时，千万不要随便碰触老板的罩门！也就是说，逆鳞正是自寻死路的行为，所以，不该问的别问，也不要看到老板生气了，却还傻傻地继续往伤口上撒盐！他不希望你干涉的地方你就少管闲事，别再触碰到别人的逆鳞，这才是明智之举。

但天不从人愿的是，我们经常遇上需要说服老板的时候，在不逆鳞的前提下成功说服老板，我建议你可以试试以下三种方法，只要按部就班去做，就可以逐渐磨出你的向上沟通与管理能力：

1. 摸清楚老板的心意，针对老板感兴趣的话题作为沟通的起点。平时多观察老板的兴趣嗜好，比如老板喜欢珠宝，那么在企划内容上可以朝相关领域做出规划。

2. 充分准备和考虑周详。跟老板清楚陈述你的目标，用你的说法迎合他，如果想要提出工作上的建议，事前多做功课，再依据对方可接受的方式提出建议。

3. 清楚地将你的目标和事实相联系，不要空口说白话。

• 激发认同感，把握瞬间成交的良机

用你的"行动"去说明自己的目标，行动有时更具说服力。

引导客户亮出购买信号的方法

业务菜鸟如何拿到业绩，说服客户最重要，而说服客户除了必须简明扼要地沟通外，如何增强"非语言沟通"的功夫，更是成交的关键。

你如果能掌握"非语言沟通"的技巧，就能预测客户下一步的行为。要知道光靠等待大好机会出现，再进行促成交易的业务人员，他们的业绩通常都是乏善可陈的；唯有始终在每一个销售流程中成功引燃客户购买的信号，然后适时抓住机会的人，销售成绩才能高人一等。

许多菜鸟业务员往往不够敏锐，客户已发出购买信号了，他却还是看不到，甚至说个不停，导致销售成交时间拉长，甚至丧失成交的关键时机，错失订单，徒留叹气捶心肝的窘境。

一般来说，有九成的客户出现购买意愿，其实可从对方的言语与肢体动作上看出端倪，例如在言语上，他们会询问价格，开始讨价还价，询问付款条件、方式等，甚至是更仔细地询问包装、运送、安装、保修期等问题，乃至于售后服务、

保修范围等。同时，在肢体动作上，想买单的客户会不断注视、把玩产品，将你的产品和其他产品摆在一起做比较，或以各种方式试用产品，找出产品可能有的缺点与瑕疵等。

此时，你千万不要认为客户啰唆、挑剔和找麻烦，产生不耐烦、嫌恶的样子，或说一些抱怨的话，因为嫌货才是买货人，当客户开始计较、啰唆、挑剔，就是起心动念想要购买的信号，这时要把握良机，马上引导客户进入讨论订单的状态中，把握销售黄金时期，快速引导对方买单。

引导顾客下决心消费，其实有办法

正所谓兵贵神速，当购买时机到来时，你必须马上正面引导顾客，让顾客明白马上购买才是最好的决定。以下就是引导顾客买单的方法。

1. 拿出信心，语气要有热情。在请求时，要用一种已达成协议的语气来说话。千万不要使用疑信参半、犹豫不决或是不确定的字眼。

2. 让肢体语言助你一臂之力。除了展现积极正面的说话方式，你还可以通过肢体语言，坚定地表示你对彼此关系的珍惜，和客户握手或是微笑注视客户。以积极、自信的言谈举止感染客户，让彼此更有互信基础。

至于如何以创造性的手法，在和客户沟通过程中，引导客户的购买信号提早出现呢？以下四个步骤值得参考：

一、增加互动次数

在交流互动的过程中，客户的购买信号出现并非仅有一次；而且，购买意愿的强弱是和访问次数呈正比的，就同一商品而言，互动次数愈多，客户购买意愿就愈强大，尤其在销售高价的商品时，增加互动次数往往就是诱导客户买单的特效药。

二、建立信赖关系

只靠销售产品的态度和客户接触，注定要失败的。在沟通中很重要的一件事，就是和客户交朋友、套交情和讲关系。购买心理学提供了一个极为重要的启示：当我们和客户建立起友谊信赖关系后，客户就自然会向我们购买，因为当客户喜欢、认同和信任我们时，他们就会觉得跟我们买东西比较放心也舒坦。

三、要设法化敌为友

在解说诱导过程中，反对意见就是一个引爆客户购买信号的定时器。客户提出的反对意见，你无须一一予以处理，因为，有些反对意见你根本无法解答，你要做的就是用和缓、友善的方式进行双向沟通，软化反对意见。

请记住，客户持反对意见绝对不是有意冲着你而来，你的目标不在击败对手，而是让他确信买单后一辈子受用无穷，所以，一定要设法化敌为友，并且清楚分析产品的价值让他明白。

至于如何处理反对意见，首先，你得表现出十分乐于接受建议的模样，并且利用安抚来化解，比如说："我非常高兴您能提出这个疑问，因为我以前也有相同的困惑。您的眼光果然异于常人……"

"安抚法"可让反对意见明朗化或变得不重要，当你继续向客户提供一个非买不可的理由或证明，不久之后你就会看到购买信号出现在眼前了。

四、模仿对方的行为

心理学有这样一个理论，人们喜欢和他们相似的人做生

● 激发认同感,把握瞬间成交的良机

意。也就是说,在沟通过程中,如果你能配合或反射对方的肢体语言,进行无意识的模仿,也就是潜意识地告诉对方,你同意他的看法,这无疑是加速了对方对你的好感,也是引发对方购买信号的另类技巧。

要成功引导客户买单,既要知道对方想要什么,还得培养犹如火眼金睛的第三只眼睛,通过极强的洞察力来破解对方的肢体语言。有时或许并不容易,但是只要你专注、用心观察,时间与动作都会变慢,你就能比较容易看清楚,也可看懂肢体语言的本质。这时候,"看懂"这两个字就不是那么难明白了。客户绝对不是随意任人摆布的棋子,他们有七情六欲,都是有血有肉的人。所以,他们可能会为了反对而反对、蛮不讲理、冷面无情兼反复无常,不但对你的真心诚意视若无睹,还可能会频频出招,阻碍你成功销售。

每位超级业务员都有极强的谋略能力去突破被拒绝的窘境,并且让客户从严词拒绝的立场,转化为欣然接受的认同,并且激发出顾客的各种购买信号。所以,你需要能够监测客户的肢体语言,并适时调整你的措辞和肢体语言。这么一来,便可减少销售压力,更能在适当时机完成交易。

想象使用产品的美好，
强化说服力的六大技巧

消费市场竞争激烈，业务员争取订单几乎已进入你死我活的状态，要把产品卖给客户，如果缺乏有优势的说服力，几乎是一件水中捞月的蠢事。

据我观察，有七成的业务员在销售路上出现失误，不是因为缺乏上进心、专业知识、智谋、关注、勤奋或其他要素，而是缺乏真正的说服力。

销售是说服竞赛，不论是哪一种行业的业务员，主要职责就是利用说服技巧让客户乐意接受你的产品或服务，愉快地掏钱买单。也就是说，说服力是营销的核心和影响力的关键！

然而在现实生活中，消费者可能更希望你被他说服，接受他的观点，诸如买不起、东西太贵了、可否算便宜点，或是要听上级安排，等等。但是，你和客户之间，再怎么样还是只有一个人赢得胜利，请问，在每次沟通后，你最后是成

• 想象使用产品的美好,强化说服力的六大技巧

为成功的说服者,还是被对手说服了呢?所以,不断学习攻无不克的说服力,展现专业和沟通能力,才是踏上销售巅峰不可或缺的基本功。

说服力和亲和力同等重要

为何会因为听了才刚认识的业务员一番话,大为震撼后便马上掏钱买下他的产品呢?

为什么有些医疗美容顾问的业绩总是比较好?

为什么……

其实成功的关键就是沟通能力。很明显,良好的沟通能力是赢得订单的关键,特别是在顾客前的说服力。亲和力固然重要,然而"说服力"也同等重要。你也许拥有无人可比、相当强的亲和力,是真正懂得关怀对方的大好人,但这不等于你一定能完成这笔交易。因为说服既是一门艺术,更是一种技巧。从本质上来说,销售工作就是通过说服客户来达成交易。对客户来说,在许多情况下,你介绍产品、服务的方式有时远比你的人格、信誉还来得重要。

那么,如何清楚、生动且精彩地说明产品和服务,让别

人把你的话通通听进去？我在此提供一个百宝箱给各位，里面放有六样宝物，可以帮助你把话说得更具有说服力。

1. 话不要说太多，但要说到重点。一个好的业务员应该对自己的产品或服务了如指掌，这样才能建立专业形象。但你不需要把所有知道的都一一告诉客户！你要做的是充足的准备，收集大量数据及素材，选择客户需要的信息，掌握对方的特性、习惯、需求，并且用最简单易懂的方式跟客户解说，例如可用一些故事或实例串起你想表达的内容，让客户更快理解。

2. 提出统计数字。说服别人就需要证据，而证据有好多种，其中一种最有力的证据，就是统计数字。

统计数字有时胜过千言万语。举个最简单的例子，当我们要强调油炸的食物对身体健康的危害时，如果只是一直强调"千万不要吃油炸食物，因为它具有危害人体的致癌化学成分，增加罹患癌症的风险"这种说法就很难说服别人。我们若换一种说法："根据调查，吃油炸食物罹患大肠癌的概率是不吃油炸食物者的八倍。"这将说法将更加突显现代人爱吃油炸食物是导致罹癌人数直线上升的危害的说服力。

因此，在说服客户之前，要努力检查自己的销售话术，尽量去掉那些不确定的词汇，改用数字来代替，借以提升我们的说服力。

3. 利用图像来加强说明。百闻不如一见。如果你销售汽车，可以运用平板、笔记本计算机，调出 PPT 给对方看。

4. 善用自己和别人经历过的感受和经验。个人本身的经验对于客户来说，可信性比较低，所以，你以自己经验组织销售话术的时候，一定要客观而翔实，让客户觉得可信是关键。别人的经验，最好是客户熟悉的人，或名人的经验，效果最佳，熟悉的人亲切，名人权威性强、可信度高，而且容易让客户产生从众心理，这样的说服效果特好。

5. 推销你的产品的味道。人都有好奇心，人都喜欢自己尝试、接触、操作，因此让顾客参与其中，能更好地吸引他们的感官和兴趣。我建议如果你的产品特色在味道上，那么你就推销产品的味道，让它来吸引顾客。

每一种产品都有自己的味道，世界推销大王乔·吉拉德就擅长推销产品的味道，他在和顾客接触时，总是想方设法让顾客先"闻一闻"新车的味道。他会让顾客坐进驾驶室握住方向盘，触摸、操作一番。如果顾客住在附近，乔·吉拉德还会建议他把车开回家，让他在自己的太太、孩子和主管

面前炫耀一番，顾客会很快地被新车的"味道"陶醉了。根据他本人的经验，凡是坐进驾驶室把车开上一段距离的顾客，没有不买他的车的。即使当时不买，不久后也会来买。

6. 给客户一个购买的理由。根据以下的步骤去做，可以增强你说服的效果，让顾客觉得花钱无罪，心安理得：

利用SPIN询问方式，找出客户的问题和烦恼。

说出产品的好处和带给客户的价值。

说一个"谁用了你这个产品"的故事。

告诉客户若使用这个产品可以得到相同的好处；不会出现不用时的痛苦。

激励客户现在立刻行动，可以得到什么好处。

正所谓创造客户的想象力，你必须明白："你不是在卖牛排，你卖的是滋滋作响的美食声！"业务高手都知道如何让客户想象使用产品的美好，借此加强说服力，深化客户购买的动机，快速成交。

● 想象使用产品的美好，强化说服力的六大技巧

√ 这样做就对了！

1. 说故事，无须提及过多功能，若一个证据代表着千言万语，那么，一个故事就值得千万个保证。

2. 用故事包装你的产品和服务，这是让人们敞开心扉、接受真相的最佳武器。

3. 故事胜过许多的信息。人们除了要更多的信息之外，他们更想要的是对你的信赖，并且相信你所描述的故事。

√ 这样做就对了！

1. 人们喜欢消费但不喜欢被推销，你该创造的是让人们购买的环境，沟通时更要创造和对应催眠的情境转换。

2. 一流的销售人员卖好处，一般的销售人员贩卖产品。顾客买的是产品给他带来的好处、利益与快乐。因此，沟通时，一定要提到顾客买的好处。

3. 顶级销售不怕面对复杂的商品介绍，因为他们擅长的就是使用催眠技巧打动说服对方！

✓ 这样做就对了！

1.针对一些自尊心比较强，比较灵活有企图心的员工，可以运用积极暗示效应来提高战斗力并建立自信心。

2.暗示对方时不宜采用祈使句。应采用陈述句或感叹句，这样对方就不知道我们的意图，同时我们说的话会对他的认知和情感产生影响，使他的行为不自觉地发生变化。

3.在商谈中，不断反复提到商品名称或对方名称，反复说明产品优点，或反复询问对方对产品的看法，都可以获得暗示的效果。

✓ 这样做就对了！

1.处处展现你积极、正面、热诚的一面，你的整体精神面貌会激发客户的欢迎、喜欢和尊重。

2.销售前做好心理建设，确认自己的商品可以给顾客带来更多价值，沟通时的气势就不会矮人一截，讲起话来就会自信十足，铿锵有力，坚决笃定。

3.和顾客沟通前先激励自己："我不怕拒绝，拒绝没有

● 想象使用产品的美好，强化说服力的六大技巧

什么好怕的！"并且大声告诉自己："我要让拒绝来磨炼我的意志，让我更加坚强。"

√ 这样做就对了！

1.沟通时不要双手抱胸、双腿交叉，要随时保持微笑，同意对方时请点头示意。

2.沟通时要注意客户的眼神，若他随着你的说明开始正视你或商品，这即代表客户对商品开始有兴趣了，这是一个正向的购买信号，请赶快开口要求订单。

3.沟通过程中，配合或反射对方的肢体语言，进行无意识的模仿，表示同意对方的看法，引发对方的购买信号，马上买单。

√ 这样做就对了！

1.介绍商品前，利用好奇心理引起客户的注意和兴趣，与客户建立起信赖和联系的关系。

2. 不论你如何引起客户的好奇心理，必须做到出奇制胜。

3. 无论你用什么方式引起客户的好奇心，都必须与产品和推销活动有关。

CHAPTER FOUR
完美解决问题的响应

　　从事业务工作,完美的响应是制胜关键,它既能帮助你降低客诉,更可以提高消费者对你的商品(或服务)的信任度,如何回应?我将接着告诉你……

善用引荐策略,产品卖翻天

消费者没有责任或义务要为你介绍或促销商品,若希望顾客帮你转介绍,那你千万不要让他觉得这是责任或因此产生负担,更不应该以你的服务作为筹码,威胁客户帮忙。

回想自己少年时代,爷爷曾教我拳法、练武功,他告诫我,每天只要勤练一招,不管是直拳或挥掌,记得要练到可以一气贯通,排山倒海,关键在练好基础功。严格说来,若说我有学到什么武功招式的话,主要就是借力使力的观念吧!

一个人成名的原因很多,但最重要的是什么?

年事渐长,我慢慢发现了业务高手除了专业知识,勤奋、全力以赴之外,他们特别尊崇借力使力的道理进而灵活运用。其中,最为人津津乐道的莫过于乔·吉拉德独创之"猎犬计划"——让顾客帮我们找到新顾客。所以,你若始终无法达成业绩,赚取足够的奖金,那我奉劝你真的需要静下心来读

● 善用引荐策略，产品卖翻天

一读乔·吉拉德的书，反省自己借力使力的功夫是否练到家？是不是因为缺乏这个工作所需要的借力使力能力，因此总是碰壁失败？

反过来说，你若有足够的专业知识，心态正确，唯独运作方法无法得到正面效益，加上喜欢单打独斗，凡事亲力亲为，不爱借力使力来攫取客源，那么搞不好你就是很容易被劝退或被淘汰的业务员。

评定一个业务员的绩效，首先是检视他借力使力的能力。如果缺乏这项能力，无法达成一定的业绩，结果势必很快被淘汰。

明星之间为何需要彼此站台？

答案很简单：因为借力使力才不费力。

不断寻找新客户是一个艰辛而漫长的过程，因此，你必须要眼观四方，处处留心旁边的人，要能随时随地发现周围的客户。更重要的事，在寻找客户时千万不能死钻牛角尖，一条路走到底，要学会不孤军奋战，利用老顾客帮你推荐，借以开发新客源，实现转介绍的目标以产生倍增效应，让销

售产生一种良性循环状态，业绩出现井喷效果。因此，通过客户实现转介绍，便成为很多营销人员追求成功的最佳手段。

泰戈尔曾经说："用铁锤无法开启一把锁，唯有吻合那把锁的钥匙才能轻松开启。"其实，菜鸟业务员想要加速成功，光靠蛮力是很难的，你必须确定自己是否已经抓住成功的Know how，换言之，只要你懂借力使力，应用"转介绍"的策略，就好比找到那把开启成功大门的钥匙，即便你是个小角色，照样可以打开财富幸福大门。

决战商场，"转介绍"或"称引荐"先行，谁获得最多的转介绍，谁就是大赢家。只要做好转介绍工作，永远不怕没有新客户，生意永远做不完！汽车销售史上最会卖车的乔·吉拉德自豪地回忆说："我曾经一天成交十八辆车子！"他的特殊成就除了靠着专业、执着与苦功之外，就是他独特的"转介绍系统"，从而客户源源不绝，运用客户的好口碑和紧迫盯人的黏人功夫，轻松促成不少生意。

建立稳定、有效的转介绍系统

据我观察，只有一成的人会将业务完全建立在转介绍的

● 善用引荐策略，产品卖翻天

基础上，并且从中取得非常好的效果。五成的人有时会要求转介绍，有时则不记得，甚至不敢要求客户帮忙转介绍；至于转介绍的质量时好时坏，客户有时会记得帮忙，有时则忘记光光甚至不愿意，若说个中问题何在，主因就在于缺乏一个稳定、有效的转介绍系统！

换言之，唯有懂得借力使力才不费力。因此请赶快将"转介绍系统"融入你的业务销售过程中吧。

首先，请检验你的转介绍现状，了解为什么你无法得到客户的转介绍，找出需要加强的地方；其次，设法让每一顾客都非常满意，这样他们就会乐意帮你介绍产品；最后，寻找适合你的对象帮你转介绍，这样既可增加你的可转介绍性，更能促使人们为你提供转介绍。

配合猎犬计划＋转介绍＝赚翻天

乔·吉拉德曾经连续十二年成为世界上卖出新汽车最多的人，其中六年平均每年售出汽车高达一千三百辆。他的成功，在于有七成五的生意均来自满意的顾客回头帮他推荐和转介绍。

他的成功方法来自他推动了一个"猎犬计划",这个计划的执行过程是这样的:在生意成交之后,乔·吉拉德总是把一沓名片和猎犬计划的说明书交给顾客,并且亲口说道:"如果你介绍别人来买车,成交后,每辆车你会得到二十五美元的酬劳。"以后,每年顾客会收到他的一封附有"猎犬计划"的信件,提醒顾客,他的承诺仍然有效。如果乔·吉拉德发现老顾客是一位知名人物或领导人物,其他人会深信他的话,那么,乔·吉拉德会更加努力促成交易,并且千方百计地让其成为一头所向无敌的猎犬。所以也难怪他能成为一位世界级的推销员。

排除拒绝转介绍,其实有要诀

当你进行转介绍工作时,你要在老客户心生拒绝转介绍的想法前,设法确认他们为什么会拒绝,并且设法立刻消弭这样的障碍。

跟老顾客保证,不在背后说长道短。

谁都不喜欢自己被别人在背后说长道短,所以,百分之八十的老客户都不愿意给自己找麻烦,帮你转介绍。过去我进行转介绍工作时，我都这样告诉我的客户：我的许多订单都是通过转介绍而来的，而且我的老客户都会很热心地告诉我，他有哪些亲友对我的服务曾经表示过兴趣，想找我聊一聊。同时，我还告诉我的客户，我会以相同的服务质量来服务你所介绍的亲友。

尊重他人隐私，要以最高机密的方式保密老客户的消费细节。

你绝对不能把老客户的消费模式泄露出去，这是销售员的天职。因此，你要让老客户相信：任何人只要是和你做生意，你都会以最高机密的方式处理。

我和老客户沟通时，都会一再告诉我的老客户：我绝对不会泄露与你有关的状况或业务甚至是财务信息等。在每次的会面过程中，再次强调这个重点，这样就能事先预防客户赏你一碗闭门羹！

成功实现"转介绍"的方法

实现"转介绍"，是很多营销人员追求的境界，依照以下方法做做看，你也能有效完成业绩。

1. 产品质量欠佳，希望老客户转介绍就没有根基。你的核心及有形产品必须具备好的质量、高Ｃ／Ｐ值，知名品牌和有优质的服务，让客户达到最大化满意才行。

2. 做最大化的超值服务。当客户买下符合需求、满意的产品之后，要让老客户能够做我们的义务宣传者，但你答应给客户的服务项目一定要兑现，还要提供顾问式服务，做好超值服务工作，让客户感觉有价值、受尊重甚至物超所值才行。

3. 真心地关怀老顾客。要赢得老顾客转介绍，你要懂得"双换思考"，即换心、换位，以心比心，多一分理解，便多一份默契与包容。所以，营销人员在跟老客户打交道时，一定要跳出生意圈，先交朋友再做生意，最后才能形成"客户兼朋友"的友好关系，这样的关系才能促使老顾客愿意帮忙转介绍。

4. 与老客户建立良好感情。在老客户生日、结婚、生孩子、节假日等诸多时机，别忘了发条祝福短信或亲自前往道贺，这样都能慢慢累积你和老客户的情感关系，增加他们转介绍的意愿。

5. 利用奖励制度将转介绍固化下来。你可以利用利益激励的手段，吸引老客户来进行和推动转介绍业务。在销售过程中，要按部就班建立和客户的深度信任关系，唯有在他面前树立可信、负责任的良好形象，客户满意度才能不断提高，才能构建一种彼此信赖又和谐的伙伴关系，他们才会肯下功夫帮你"转介绍"。

给我一个"消费的好理由"就对了

专业的业务员都应该非常清楚产品或服务的内容；但是……你不需要把知道的一切全部说给客户听，你要做的就是给顾客一个"消费的好理由"就行了。

不论是哪一种行业的业务员，工作内容多半就是说服别人，让消费者接受你的产品或服务，并且很高兴地打开钱包买单。大家都明白：最遥远的距离就是从客户的口袋来到您的口袋。要让这件事情自然发生，技术含量确实相当高。

当大环境处于不景气低迷的时候，消费者自然会缩紧荷包，钱要花在刀口上，这是时势所趋。对消费者来说，现在正是一个"选择爆炸"的时代，同样的商品，有超过一百样以上，甚至会有更多的人向你销售同样的一件商品，因此，你若不能给客户一个购买的好理由，自然很难有成功出线的机会。接下来就让我们一同来看看，说服的秘诀有哪些。

● 给我一个"消费的好理由"就对了

只给一个购买的好理由就够了

给客户一个"购买的好理由",这就是明确地告诉对方:跟其他人相比,跟我买东西绝对好处多多,因为我的产品能给你带来哪些利益和好处。成功销售的艺术,除了要百分之百了解、依赖自己的产品,你也必须投注更多的热情向大家推销,甚至还要了解客户到底想买什么。因为向对方推销他们"需要"的东西,远比说服对方来买你所要推销的东西容易得多。

也就是说,充分了解顾客的需求,然后给他们一个购买的好理由,自然能把产品更大量、更快速、更有效地推销出去,从中赚取到更多的钞票。以下就是给客户一个购买的好理由的要求重点。

善用"物以稀为贵",让稀少成为价值。

想象一下,知道自己喜欢的偶像要举办一个只允许三百人参加的小型演唱会,你非常想出席,但却忘了提前订票。而当你正在为了错过一次精彩、期待已久的演唱会而非常惋惜时,竟在网络上发现有人在兜售门票,而且只剩下最后一张……

此刻你会联想到什么？相信你这时心里恐怕只会闪过："Wow！我还真是幸运到爆！"然后毫不犹豫地刷卡结账，甚至还会担心被别人抢在前面订走。最后直到你终于把这张门票握在手里，这才赫然发现，原来在网络上兜售的门票永远都是"仅剩一张"！

现在你问问自己，若看到网络上还有二百八十张票在销售，你还会那样兴奋吗？允许三百人参加的演唱会只有二十人买票出席，现在你倒要重新考虑是否真的值得参加，说不定你还会考虑放弃了吧！

什么牌子的包包卖得特别贵，却是美国好莱坞女星、中外名媛贵妇、艺人们的最爱？

答案应该是爱马仕的铂金包。

据悉，亚洲小天后蔡依林曾花新台币六十七万买下粉红色鸵鸟皮铂金包，女明星蓝心湄、利菁和陈美凤也是铂金包的爱好者。只是大家一定很好奇，铂金包为何要卖得那么贵，为什么女艺人不惜花大笔钱一买再买，有许多人甚至抢得头破血流呢？买个包包还得预订，排队等上五到八年的时间才能拿到手，这些人难道都疯了？不！因为她们认为铂金包是时尚名流必备精品之一，买的是社会地位和未来的增值性。

> 给我一个"消费的好理由"就对了

因此,赶紧为你的产品制造稀有价值,并让你的客户知道!

名气也是刺激消费的好理由

不是所有人都喜欢出风头,但是几乎所有人都喜欢购买有名气的东西。

为什么人们要花新台币二十万来购买一只劳力士手表,难道它与两千元一只的 Swatch 手表所显示的时间不一样?除了让人咋舌的价格差异,这两者到底有什么不同?

二十万的手表被冠以名牌的光环,而两千元的手表则显示廉价的平庸。当然,名气和声望不只关系产品价格!围绕你的产品或想法,来建立名气和声望。不过要注意,名气并非来自于价格,它还取决于你的定位。

给顾客满意保证准没错

美国必能宝公司是世界上最大的邮资收付计数器和邮政设备生产者,他们在工艺、技术上的巨大投资,改良了许多

产品,并且开发了新产品,销售给那些特别渴望找到削减自家邮政开支的公司。它们说服顾客购买的理由很直接,就是提供顾客满意保证,保证无后顾之忧。声明如下:

1. 更换新产品。五年期保证的意思是,购买后五年内,顾客如果对该产品不满意,必能宝公司将会立即给顾客更换产品,费用由公司负担。

2. 不能如约运转,马上退还顾客全部货款。如果公司提供的替换产品不能按规范完满运转,公司将立即退还顾客全部货款。

3. 客户的问题就是我们的问题,我们将马上解决。简而言之,必能宝公司没有推卸责任的理由。也就是说,购买了本公司产品,顾客不必有后顾之忧。

据了解,顾客满意度高达百分之九十四。他们对这些不足之处进行改进,建立新品供应线,持续销售新品,并提供最新的服务,不断地给予顾客新的购买理由,而这正是必能宝公司获利的关键。

• 给我一个"消费的好理由"就对了

举办促销活动就是为消费找理由

顾客在选购产品时总会考虑以下三个问题：我为什么要买？我为什么要现在买？我为什么要买你的东西？而执行促销活动就是在顾客可能不需要更换或购买产品时，帮他回答了这三个问题，帮他找到一个合适的理由，这个理由，就是促销活动的主题。

只要能为顾客找到合适的理由，选定消费客层和活动主题，就能成功刺激购买的欲望。

通过说故事让购买理由合理化

要顺利让顾客转变消费模式，必须先设法消除他们消费时的不安与罪恶感。

坊间很多厂商都在打促销价，但顾客对廉价品却往往存有怀疑与抗拒，不仅觉得质量可能有问题，也仿佛宣告自己从此落入穷人阶级。因此，让顾客感受物超所值的价值感，才能引发顾客的购买欲。例如日本无印良品曾推出破损的香菇，强调商品外观虽不美，但味道丝毫不变，改以务实的介

绍成功创造销售佳绩。

同样的，当推出高价产品时，就要进行心理要求。例如，某些有机产品虽然价格较高，但购买行为却能资助贫困儿童，或帮助地球节能减碳。你可以通过褒奖的方式来说服消费者"买贵的才是理性"，觉得钱是花在刀口上。也就是说，廉价品强调实用性，高价品强调心理层面，这都是改变消费者购物模式的最佳心理战术。

以上让人们产生购买行为的方法，可以帮助你刺激人们的购买欲望，只需正确使用这些技巧，你将有机会打造个人专属品牌和商标，顺势成为顶尖的超级业务员！

能否提出消费理由，才是关键

经济不景气，不求变的人最容易被淘汰，因为游戏规则变简单，一切回归"实力原则"，反观过去景气大好时，你还可以通过人际关系或台面下的各种运作方法达到目的，不景气反而让游戏规则变简单，唯有准备好的人才能看到机会。

事实上，如果你可以给顾客一个购买的好理由，不景气正是你从对手手中抢下市场的最佳时机。现在正是你展现真

● 给我一个"消费的好理由"就对了

功夫的大好时机。而当你能精准地说明产品特色、好处,并给客户一个购买的好理由,那么绝对可以让你有机可乘,从对手手中把顾客抢过来。

将心比心,才可能做好一门生意

知己知彼才能百战百胜,先"将心比心"然后"知心"。要想创造更好的业绩,你应当站在消费者的角度去思考,才能争取到顾客的芳心。

能成功说服他人者,多半都是有能力应付被人拒绝的高手,而要具备这种本事,首先就要明白将心比心的重要性。

网络上曾经流传过这样一个故事:有一位单身男子刚搬到一个新的住处,发现隔壁住的是一对没钱的孤儿寡母。某天晚上,突然狂风四起,电线被吹断了,那一带通通停电,单身男子只好点起蜡烛来照明。没过几分钟,他忽然听到有人来敲门。打开门一看,原来是隔壁邻居的小孩子,只见他紧张地问:哥哥,请问你家还有蜡烛吗?男子心想:他们家真够穷,竟然连蜡烛都没有!千万别借他,免得给自己找麻烦……

于是,他对孩子吼了一声说:没有!

没想到穷小孩听完后竟开心地说:我就知道你家一定没

● 将心比心,才可能做好一门生意

有!妈妈和我担心你一个人住,又没有蜡烛,所以我送两根来给你用。

此刻,男子觉得非常惭愧,顿时感动得热泪盈眶,立刻打开门将那小孩子紧紧抱在怀里,后来两家人更成为守望相助的好邻居。

发觉强攻不行,请放弃再攻

如果你从事业务销售工作,在遇到难缠又唠叨的客户时,你会判断对方会下大单而不想放弃,这时候,我建议你不妨想想老祖先的金玉良言:穷则变,变则通,通则久。只要转换一下思路,稍加变通,改变沟通方法,就有可能出现转机。

也就是说,若强攻不行,不妨改用感性手段再交流!

要知道,有些人天生就讨厌推销员,个性顽固且态度强硬,不管你如何费尽唇舌说好话,花心思推销,他就是不肯和你交流,纵使说话也在一直找碴,显然就是要你知难而退。

其实,对于任何不顺的情况,不妨将心比心想想,这是一般人对业务员的自然反应,不必太在意,如果你发觉强攻不行那就不要硬攻,暂时把原来的工作放一边,改以感性手

段应付,直到对方开始心软,产生好感后,再夺回主控权,顺势出招。

建议1:如果理性说服没有用,就先避开其锋芒,改用迂回战术——感性营销,重新开始,这样也许会有拨云见日的机会。

建议2:多利用赞美,吹捧对方,让对方对我们卸下防备并产生好感。

建议3:放低身段,利用请教的口吻,了解对方真正的想法与需求。

建议4:记住将心比心,换一个角度想一想,找出对方的异议与被拒绝的原因,然后进行说服,而不是直接放弃。

凡事以和为贵,买卖不成仁义在

有句话是这么说:"如果不能优雅地转身,那也要好好地说再见。"有时候,我们付出了宝贵的时间与真心,却还得不到满意的结局,难免心生怨怼,这是人之常情,因为不是每个人都能对同一件事抱持相同看法,这时候,如何说再见自然成为决定结局的关键。

● 将心比心，才可能做好一门生意

当客户要来你的工厂考察，或主动拜访和你洽谈生意，你一定非常兴奋，全程热情接待，甚至把场面办得盛况空前。如果生意没有谈成，送客时你是否跟初次的隆重接待一样呢？

我就曾有过一次不愉快、被耍弄的经历。有一回，我到广东东莞虎门去跟某家成衣厂下订单，这家工厂的刘总经理亲自率领厂长，开着奔驰350的豪车来接我，但后来，因为双方意见相差太远，生意没谈成！

待我要告辞时，刘总经理说："我还有厂商在办公室等……没办法送你！"说完后，便径自离开会议室，旁边的秘书还说总经理很忙，无法送我到市区，语罢便以一部出租车草率送客，这和大张旗鼓地隆重迎接反差太大，让我顿时生出被藐视、冷落的感觉，就好像是一只原本被人抱在怀中秀秀，但此时却被狠心遗弃的宠物，甚至连车费也要自付，让我不禁咬牙切齿地感叹：这间工厂有多烂！我发誓一辈子再也不要来……

其实，刘总经理热情有加的接待礼节，纯粹是冲着生意而做的表面功夫，而非对我这个人的尊重和礼遇；生意谈不成，礼节自然也就顾不上了，这是多么短视又令人伤感的事情啊！要知道商场上没有永远的敌人，只有永远的朋友，做生意会有好结果，但也难保有不对味的破局势。

如果双方的意见没有达成一致，也没有共同的观点，对方也没拍板说好和不好，虽然对方走的时候握手说：我回去考虑考虑，一有消息就马上回报！这暗示生意谈不成，虽没戏了，但不要气馁，做不成他的生意就另找别人做吧！何况你还有赢回的机会……

永远遵守送客礼仪

与人往来，离开对方时，记得说一声：谢谢！我从你身上学习到许多宝贵的东西。我们刚认识新朋友的时候，一般都不会失礼，万一沟通不良没有共识，当我们深感失望地离开时，也要保持君子风度，这样做，幸运之神自然就会眷顾你。

生意不成仁义在，自有后福。

虽然生意没有谈成，我们还是要对人家礼节有加，这才是上道。古人说：生意不成仁义在。这是一个必备的基本修养，事实上也存在着下一次的机会啊！

要开心且始终如一地按接待规格来对待。

千万别因为一次的误会而耿耿于怀，奉劝你要给人留下一个良好的印象，日后说不定还有机会，所以要谨记始终如一，开心地履行责任，与客户保持良好关系。少一个敌人，等于多一个朋友，才是上上之策。

这一次没能有好结果，也可以为未来的成功埋下伏笔，你给对方留下一个良好的印象，有时候，它比做成一笔生意还要重要，因为生意永远是做不完的。像送客礼仪这种学校没有教的事，一不小心就非常容易误触地雷，因此，建议你一定要补修学校没有教的这门功课，让你的行为举止和形象有一个好的依归。记住，只要做到别人做不到的，你就成功了！

专业知识愈强，说服力愈大

拿破仑曾经说过："世界上只有两种力量，一种是武力，一种是智力；长期来说，武力终究不敌智力。"

专业知识一向是促成生意、创造利润的重要元素，但在过去的农业、工业、信息社会或者财富系统里，专业知识从未像今天这般，扮演如此关键的角色。"知识就是力量"早就是通则，因此，成功的沟通技巧必定伴随着一定的知识做基础；虽然大家知道，不断追寻各种知识是现代人谋职时的

必备要素，但却很少有人愿意付诸实行。台湾积体电路制造公司董事长张忠谋说："处于知识经济的社会，任何一种专业知识皆能产生巨大的力量。"

专业知识不仅可以产生力量，创造业绩和财富，最重要的是它需要花宝贵时间与精力去积累，事实上，知识就像财富，永远没有到顶的时候。

没有一个人敢说自己手边的钱多到花不完，不必再赚钱了，所以也没有一个人敢说自己博古通今，不必再学习新知识了，光凭这一点，当专业知识愈强的时候，沟通就能够更直达对方心里，因为用心，所以自然加倍感动。

想要成为沟通高手，除了要持续努力，你若愿意不断进修，复制成功人士的制胜经验，虚心学习，自然可以缩短摸索的时间，快速踏上成功大道！

先建立"我跟你"的友好关系,再谈生意

时下信息科技发展就像搭乘超级特快车,顾客关系管理结合了计算机软、硬件,延伸到运用信息科技,加以整合企划、营销与客户服务,自然可以大幅提高顾客忠诚度和营销业务的绩效。

美国有一个介绍中国的英文网站,站名叫作"关系在线",至于为什么取这个名字,网站主人凯瑞·克里斯登森这样解释:"在今天的中国,想要做成生意和保持良好的生活状态,就必须有关系。"

因此,我告诉你一个生财之道:如果你和大陆人做生意,低估关系的魔力,你将会失去七成的机会;如果在台湾地区做生意,若没有关系,更有一半的机会让你兵败滑铁卢。因为几乎所有人都把关系当作重要的资产。同理可证,我们和同样住在地球上的人类进行沟通时,有关系绝对比没关系来得容易许多。先有了一层关系,什么事都可以通融;如果跟对方一点关系都攀不上,那就要开始加把劲了,当与双方有

了良好的关系,什么事都好商量,只要不伤害或破坏感情,再为难的事都没什么关系了。

放长线才能钓到大鱼

首先,你要培养和别人之间的关系,也就是说,你和对方的关系不是一朝一夕就能培养出来的,它是个慢工,也是个细活儿,这个道理暗示我们得具备"放长线钓大鱼"的关系学技巧。不管鱼大鱼小,发展关系时得用上钓鱼的耐心,绝不能三天捕鱼,两天晒网,更不能操之过急。正所谓:

拼价式营销,不管用!

说故事营销,退烧中!

体验式营销,没特色!

三种所有不到位的花样营销,从建立我们长期的关系开始,让客户愿意和你站一起,自然可以赢得顾客的心,快速成交。请记住:生意的本身就是生生不息的创意!

据了解,美国前财长保尔森首次访问大陆时,《华尔街日报》相关新闻的标题就是:保尔森中国之行,意在编织关系网。报道中更说道:在保尔森看来,在中国开展业务的关

• 先建立"我跟你"的友好关系，再谈生意

键就是要建立长期的关系。文中同时引述一位美财政部高级官员的话：中国人惯用的人际关系，其重要性远远超出你的想象，它们能让你获得开诚布公的机会，有机会达标。

在建立我们长期的关系的过程中，经常也是与人结缘和发展人际关系的过程——双方由陌生变熟稔，由熟稔变出关系，再由关系变成一门生意。因此，你要努力认识更多人，与他们建立联系，建立良好的关系，保持密切的友谊，方才能够发展生意。这样一来，业绩很快就会脱颖而出。简单说，要想做成生意，达成共识，你便要和所有人搞好关系，一切就会顺利。

由此看来，利用关系做生意的对象不仅限于消费者，更包含了生意上的伙伴关系。不过，大部分人对利用关系做生意仍存在相当程度的误解，认为利用关系做生意无非就是请客、送礼加回扣，和客户关系良好，内部有熟人罩上，但这已是老派的作风，现在的消费者意识改观，不再是以前你所了解的模样，愈来愈偏向认可、尊重、信任、公平和诚实的感性追求。这种全新的、一心一意地追寻人的价值是可望而不可即的稀有资源，现在，他们把生意交到能够肯定这些价值的人的手上。毕竟，顾客买的不只是产品本身，更重要的

是他们买下了跟卖方的关系,要知道顾客虽然对品牌、价钱有偏好,但事实上他们只会对人忠诚。

先有了"我和你"的关系,再来谈生意

现在做生意有种关系,第一种是"我和他"。"他"是指和我们没有人际线联结的人,当你去超市买一瓶可乐,收银员和你,对彼此来说就是"他"。你给他钱,他给你发票,两人之间的互动只是为了完成一笔交易,对双方来说,彼此都是可以取代的,其他的收银员或别的顾客来,几乎没有差别。

如果你明天再去同一家超市,就算是同一个收银员站在柜台,你可能也分不出来是不是昨天那个人。即使换了一个收银员进行互动,这次交易也无关痛痒。像这样常常出现的"我和他"互动,对于处理手边小事来说已是绰绰有余;我们每天靠着"我和他"的关系完成太多事情——打电话到饭店订房间,买东西付账,吃完一碗牛肉面付钱,等等。

另一种则是"我和你"的关系,这比较有情感、讲人性,比较有人情味,也比较窝心和感人。这不是一个不相干的个体,而是一个和你有特殊、独特关系的人,这层关系是动人、

● 先建立"我跟你"的友好关系，再谈生意

有意义、迷人且直接的，对双方都有影响。

究竟要如何先做好"我和你"的关系，再进一步沟通谈合作？以下提供如何以一种意味深长的方式，将自己的业务表现做到差异化，能够让你在客户心目中被区别出来，靠的就是"我和你"的关系。方法如下：

1. 联络要注重社交礼仪。拜访前，通过事先联络，赢得最好的第一印象。要与潜在客户建立关系，首先需要联络上潜在客户，进行有效的事先预约。通常情况下，事先预约潜在客户的方法有电话、Line、电子邮件、短信、上门推销或第三方引荐等。

2. 关系是跑出来的，你要经常出现在对方前面。有熟人牵线搭桥，是与关键人物建立个人信任关系的快捷方式，有助于缩短双方从陌生到熟悉乃至于信任的时间。但也要注意掌握频率，每次见面都要有适当借口，也为下一次的拜访留下伏笔。

3. 赢得对方另一半的信任，打夫人牌。俗话说："一把钥匙开一把锁，再精密的锁也有钥匙开。"抓住了与关键人物有着亲密关系的边缘人物，就是抓住了攻坚的重点。中国人都知道利用"枕边风"好办事，有时候，当你想要赢得某

人信任时,最重要的是先赢得对方夫人的信任。利用"枕边风"是求人办事的一个重要手段,但这需要技巧,而最基本的三个原则是礼仪、信任、实际利益。

4. 成为解决客户问题的专家。病人信任医生吗?那是当然,因为他们是为你解除痛苦的专家。只要你能做到这一点,你就是对病人来说具有价值的医生。同理可证,你也要成为解决客户问题的专家才行。

5. 向客户证实推荐产品有足够的价值。向客户证实你的产品实力,包括质量、效能、价格、服务或成功案例等,是建立信任关系最好的办法,你可以通过第三方,例如国家权威机构的产品检测报告、已经投入运行的设备、使用过你产品的客户推荐、实地考察参观工厂和设备以及ISO9000认证证书等,借此拉近双方的关系。

6. 偶尔施以小恩小惠。这也是以有通无,赢得客户好感,建立关系时不可避免的手段。与客户从陌生到熟悉再到信任的过程,吃饭喝酒或送点小礼品,的确是加速这一个过程的催化剂,毕竟人心是肉长的,业界有这么多的供货商,他凭什么对你另眼相看?

7. 要顺势而为,也要找机会逆势操作。聪明的业务员会

● 先建立"我跟你"的友好关系，再谈生意

趁着市场疲弱,别人放弃销售时主动接近顾客,建立双方关系,而不是守株待兔,等客户找上门。

8. 没有赚到银子，也要给足对方面子。顾客因为有预算、有合适的供货商为由，没有答应要跟你买东西，结果当然令人灰心丧气，但是当你赏脸或给对方面子时，通常能够征服好斗者，并且建立起不打不相识、更上一层楼的友好关系。

若对方处于两难困境时，你为他保留回旋余地，也为日后带来更多好处。如果你让对方丢脸，你会发现：当你需要保留脸面时，没人会支持你。

结语：告别"酒肉金钱关系"

成为一个顶级销售，专业素养必不可少，尤其是随着社会进步，市场经济秩序逐步净化和建立规范，客户关系早就脱离"只讲利益的酒肉朋友"这种简单粗糙的阶段，要树立专业素养，优化"我和你"的关系，创造无形价值的理念，为这层关系锦上添花。

嫌货才是买货人,应对功夫讲技巧

顾客之所以嫌弃你的东西,这不正足以说明他对你的产品产生了兴趣?

在拜访顾客时,尝试进行沟通说明活动时,难免有不可预期的状况发生,这时,顾客往往会说一些莫名其妙的话,故意嫌弃东西这里不好、那里不对,狂找一大堆毛病来搪塞,有时甚至说出根本不想买这种话来拒绝你。我相信这时绝对不会有人很服气的,而当我们心情低落时,老一辈的商人就会用一种释怀的语气开释我们:"没关系啦,嫌货就是买货人,只要追根究底,这些嫌得愈厉害的人,才是真正想买货的人。"没错,如果他们不 care,那又何必跟你说这些话……

顾客之所以嫌弃你的东西,不正是说明他对你的产品产生兴趣了吗?顾客有了兴趣,才会认真思考价值与供需,而思考过后必然会提出更多意见,这是事物发展的必然规律!如果一个顾客对你所提出的任何建议都无动于衷,甚至没有异议,那不用猜了,这个人绝对没有一丁点想消费的欲望,

● 嫌货才是买货人，应对功夫讲技巧

这些嫌得愈厉害的，才正是要买货的人。

"嫌货人"正是你的贵人

还记得年轻时刚投身业务工作，总对前辈的说法不以为然，但经过一些事情后，我开始有一层新的领悟，逐渐发现事实确实是这样，嫌货才是买货人。因为喜欢你的产品才会发现缺点，想跟你杀价，才会嫌东嫌西，不然连问都懒得问。也就是说，只有那些会嫌产品不好的人才是内行人、买货人，如果我们对自己的产品有一定的了解和信心，自然不怕人嫌，内行人一定会知道这件东西的好。有时面对客户不明所以的挑剔与质疑，千万不要灰心，反而要感激对方的抬举，更要拿出耐心以物超所值＋人性要求的策略，进一步说服对方，别把贵人错当成小人！

另一点要注意的是，说服对方你的商品或服务物超所值时，要保持镇定，了解原因、逐项举证说明，遇到困难时，更要懂得赶紧转弯，重新调整策略，转移到人性要求，再进一步攻坚，当然，耐心及热情绝对不能少。

此外，嫌货也是有层次的！在做生意"顾客至上"的法

则里，我们要谨慎辨别和对待不易合作的顾客。一般来说，他们分别是撒娇者、拓荒者、投机者、盗墓者四种人。其中的投机者跟盗墓者令人恨之入骨。如何应付他们？技巧说明如下：

一、撒娇者：动之以情十分奏效

六成的消费者喜欢用撒娇的方式来达到被安抚的目的，希望表达委屈能被慰藉从而获得更多优惠。一种米养千万人，有些人很不好惹，有些撒娇者深信"付钱的才是大爷"，表面上的嘴脸或许给人不太好受的感觉，甚至有人还会骂脏话，说出"不会做生意就不要做啊！""我是来买东西不是来买气受的！"之类的话，最糟的还会碰到威胁要去消协告你之类的窘境，但不管如何，生意至上，你当然还是要尽力珍惜这些撒娇者，和他们好好沟通！

一个在气头上的人是需要正面对待的。面对撒娇者，你可以用贴心手法来应付，譬如赞美他，诚恳地说些好听的话来取悦对方，主动送上一些小礼物，希望他们别再嫌弃了等，这都是身为业务员和服务人员的基本工作。

二、拓荒者：值得珍惜的一群

这一类人约占三成，特点是非常热心，表现很"鸡婆"，可爱的是他们的"鸡婆"都很有建设性。因为很喜欢你的产品，又很实在，为了抒发自己的看法、见解、情绪跟想法，他们会说："别家都有这个这个，你们怎么都还是那个那个！"一直唠叨不停，还不时会打断你的说话，指出产品不好或是可以更好的地方。虽然很烦，但我们要珍惜他们，因为他们是我们最好的监察委员。

三、投机者：守住底线才是王道

约占一成五，就是目前俗称的"奥客"。他们是人性本贪的信徒，脸皮黑又厚。特点就是无底线的压价，能跟你从早上讨价还价到半夜，会主动提出超乎常情的低价或谈判条件，看你怎么接招。但认真说起来，他们是坏人吗？那可不一定，毕竟这只是人性的一环而已。碰到这种"奥客"，你要善用沟通和谈判能力，守住底线才是王道。

四、盗墓者：保持安全距离

约有百分之五的嫌货人属于挖坟盗墓者。他们是一群等待吃腐肉和尸体的斑鬣狗，又称"斑点土狼"，属于经验特别丰富的猎食者，这群人黑心无极，最爱趁黑夜盗墓，搜掠其中的金银财宝，并将尸体暴露荒野任由风吹雨打、野兽啃食。因为习惯吃人不吐骨头，所以为了要啃你的骨头，自然会千方百计地把你逼到死路。没有羞耻心，毫无人性，甚至为自己的阴险狡诈而感到得意，他们的必杀技之一就是利用你的弱点和公司机制，安排陷阱让你跳下去，然后编造漫天谎言，大肆杀价，劳师动众，胡闹一场之后等着收割，若被这种嫌货人盯上，只能算你倒霉，万一遇到，赶快闪，闪不开，也要与其保持安全距离，别做他们的生意，以免吃大亏。

感谢你给我一个机会

美国前总统罗斯福家有一次被小偷偷去了许多东西，他的朋友闻讯后写信安慰他，劝他不必太在意。罗斯福马上给朋友回了一封信："亲爱的朋友，谢谢你来信安慰我，我现在很平安，这一切要感谢上帝：第一要感谢盗贼偷去的是我的东西，却没有伤害我的生命；第二要感谢盗贼只偷去我部分东西，而不是全部；最后我还是要感谢上天，也是最值得庆幸的是，做贼的是他而不是我。"

这故事告诉我们，对任何一个人来说，发生意外绝对是不幸的事，然而罗斯福却能从中找出了感恩的三个理由，调整心态面对失去。

佛家修行首重感恩之心，因此对于既有的一切，要以感恩的心情来接受，以安于现实生活环境为基础，所谓"登高必自卑，行远必自迩"。我们面对沟通中的挫折，都要懂得逆向思考、怀抱感恩的心情，如此一来，"奥客"也能变贵客，损友也能变益友，敌人也能变贵人！我常告诉学生们，要成为优秀的业务高手，拥有一个天天业绩长红，以及充满兴奋、惊喜的人生，答案就在你的双唇间：只要和顾客交谈时能大声地告诉对方"感谢你给我一个机会"。这句销售魔法金句，便可犹似万灵丹一般保证业绩长红，常常"赌博"的人也可拿下订单，获得满意的奖金收入。

所以从今天开始，持续七天，练习对你身边的人说感谢，而养成的新习惯，就等七天后再来验收成果吧！掌握这个原

则,只要一有机会就大声说出来,到海边大声且用力地说出这句话,或是对朋友、家人轻声说出这句话,也可在你的脑海中默念这句话,甚至从心里由衷感受这句话所带来的力量。请记住：从今天开始,不管你去哪里,随时带着感恩的心情,让"感谢你给我一个机会"这句话散布在生活周围,很快你就可以运用这个魔法来解除对方的防卫、推辞,转化任何负面的情况,把你带到另一个新境界。

业绩高低决定于嫌货的贵人

创业家都知道,创业第一年靠技能和专业知识,第二年靠技能、专业知识加人脉,第三年则就完全靠人脉关系支撑了。如果你奋斗了三年,仍然没有成功,很大原因是人脉关系不合格。有道是"做官要学曾国藩,经商要学胡雪岩"。胡雪岩贫苦出身,他没有机会读书,创业初期也是跌宕起伏不休,但却因为善于经营人脉,靠着真诚、义气和诚信感动人心,进而赢得许多贵人帮助、提携,终于成为富甲天下的"红顶商人",这份成就与他庞大而牢固的人脉网络密不可分。

"红顶商人"胡雪岩是经营人脉的典范,我非常佩服他

● 嫌货才是买货人，应对功夫讲技巧

经营人脉的四个手段，可以提供给大家参考：

> 花花轿儿人抬人，在商场上办事，要注重情、义二字。
> 多方交游，汲取他人智慧精华。
> 处世圆融，事功求全。
> 认清真假的靠山。

从以上的经营精髓，我学会在平时多结交好友，怀抱真诚之心与人交往，乐于助人、多做公益、放低身段，以和谐、谦卑的态度，学会跟他人相处，随时扩充身边人、事、物的正向力，因此当我突然跌入困境，遇到麻烦、难题时，身边总会有一些贵人主动援助，帮我解决困难，进而改变我的命运。总之，生命的精彩，在于拥有帮我们脱离困境的贵人，良好沟通需要心存善念，多个朋友就好似多了一条明路，多个冤家便似多筑了一道高墙。只要心存善念，一切都有机会改变。

√ 这样做就对了！

1. 要求顾客帮忙介绍，万一对方给你软钉子碰时，切勿伤心和动摇信心，因为他可能是害怕跟朋友谈业务，事情搞砸了，会丢他的脸！记得要以专业、热忱的服务赢得客户尊重、理解和认同，消除疑虑。

2.对朋友们不该一视同仁，你应该花百分之八十的时间在那些会影响你一生的那百分之五的朋友身上，让他们成为你的贵人，在生意场合中帮你介绍更多顾客，这就是借力使力。

3.可利用奖励制度和交换利益的手段，吸引老客户来帮你进行和推动转介绍业务。

√ 这样做就对了！

1.与顾客沟通前应收集大量资料及素材，但千万别把这些东西放在投影片中。精挑细选后留下重点，用顾客能理解的方式清楚地表达出来。譬如用一些故事或实例串起你想表达的内容，给顾客以深刻的印象！

2.定期举办促销活动，廉价品强调实用性，高价品强调心理作用，这是改变消费者购物模式最好的心理战术。

3.运用"物以稀为贵"法则，让稀少成为价值，成功吸睛，这便是给顾客一个购买的好理由。

● 嫌货才是买货人,应对功夫讲技巧

√ 这样做就对了!

1.要经常换位思考,站在顾客立场考虑问题,感同身受,提供服务,将心比心,以心换心,顾客永远不会将你拒之门外。

2.每个人在性格、背景、知识、兴趣等方面都存在着一定的差异,这往往成为销售人员与顾客沟通时的隐形障碍,只要设身处地地从顾客角度思考问题,我们将更容易了解客户的需求和状况。

3.若理性说服没有用,那就改用迂回战术——感性营销,重新开始沟通,你将会有拨云见日的机会。

√ 这样做就对了!

1.要设法让你和顾客根据双方关系做决策,而非根据价钱做决策。

2.设法创造建立关系,以连接起数个客户,转化为持续的沟通,建立强大的"我和你关系"。

3.关系,有时也潜藏着极大风险。千万不要太依赖"我和你"的关系优势所带来的好处,忽视勤练内功的重要,你

依然要从战略方向到销售战术上,做好万全准备,以免来日若突然遇到变故,无法及时调整,苦果也就只能自己独自品尝。

√ 这样做就对了!

1. 遇到挑三拣四的顾客,不要马上否定他的购买欲望,要对产品有信心,服务态度好,跟顾客诚恳讲解产品价值,不怕比较,顾客迟早会动心!

2. 不要太在乎客户的批评,要对自己有信心,对顾客心理有深刻洞察力,就可以扭转劣势。

3. 从现在开始,持续七天,学着对顾客说"感谢你给我一个机会",待养成新习惯的七天后再来验收成果吧!

CHAPTER FIVE
发掘真正有价值的提问

千万别害怕回答问题,正所谓"买货才是嫌货人",对你毫无兴趣者,根本不可能向你提问,因此,只要对方发问了,这正好代表你离成功越来越近了……

别猜了，顾客的需求是问出来的

销售的过程总是荆棘满地，所以当遇到客户对我的产品不了解、不关心时，我就用 SPIN 询问法，改以谋略、有技巧性的沟通方式来应对。

你是否有许多自认为还不错的产品，价格公道甚至物超所值，顾客却怎么也不肯掏钱买下，究其原因，其中之一可能就是你的解说介绍没有真正搔到顾客的痒处。

为什么会这样？

问题或许出在你并未猜到顾客的需要，若无法针对顾客需要，又怎能正确地推荐产品的好处和价值让客户明白？又怎么可能打动顾客的心弦？

在向顾客介绍你的产品之前，顶级销售通常懂得要先提出正确的问题，了解对方的需求与选择标准，再依据这些信息为他量身订制解决方案。在沟通过程中，你是否懂得询问将变得非常关键。如果你对积极倾听与询问技巧相当熟练，自然能从顾客端得到有意义的响应。

用猜的方式，命中率当然低

我不喜欢猜顾客的心思，我喜欢利用"SPIN 询问模型"，找出对方的需求。只有你通过正确的询问，让顾客当面说出来的需求，这才是真的，才是最准确的需求，在双方已有共识的情况下，方才能够确保你针对顾客需求所提的建议、推荐是最有效的。

至于如何利用"SPIN 询问模型"沟通，一般来说，销售活动要经历：

开场破冰阶段；

需求交流阶段；

能力展示阶段；

买卖承诺阶段。

只有前一个阶段完成了，才能进入到下一个阶段，你应该要知道需求交流是最具影响力的阶段，这一阶段的表现好坏将决定销售的成功率，业务员误将重点放在其他阶段，而在第二阶段浅尝辄止，多半就是赚不到钱的主要原因。SPIN

销售法提供了一种高效系统成功询问和说服的方法。而我采用的"SPIN 询问模型"程序如下：

1. 利用现有问题进行询问。目的是了解客户的现有状况和可能存在的不满和问题，以建立背景数据库如兴趣、收入、职业、年龄、家庭状况等，这样才能进一步导入正确的需求分析。记住：询问不要太多、太繁杂，要少而精才是上策。如果对方是企业法人，你最好先通过网站、公开报道数据查阅客户行业的历史，或利用间接途径和一些原先的档案，做好充分的准备，然后加上你的经验，除掉一些不应该问的问题，筛选过滤找到一个合适的问题点，作为询问的开始。

2. 利用发现困难问题进行询问。目的是探索顾客隐藏的需求，使顾客说出所面临的问题、困难与对现状不满的地方。询问客户的困难点，关心客户的切身利益，并不会吓到顾客，因此，可以大胆地深入去"询问"顾客所面临的问题、困难。

3. 利用牵连问题进行询问。只有让客户意识和想到现有问题将带来严重后果时，顾客才会觉得问题已经非常的急迫，才有兴趣想进一步了解你的产品，才去看你的产品展示和简报，希望找到解决的方法。

4. 利用明确价值问题进行询问。目的是让顾客把注意力从问题转移到解决方案上，并让顾客感觉到你的"解决方案"将为他带来的好处和利益。通常，最典型的询问句是："这些问题解决以后会给你带来什么好处？"

高水平的询问方式，是让顾客自己去找你想让他得到的答案。每一次询问都是在为对方的既有思维模式开光。"SPIN询问模型"提供了一种高效系统成功询问和说服的方法，全球五百强中半数以上的公司，都利用它来训练销售人员。

牛头不对马嘴，就是自说自话

SPIN询问法从问答技巧和谈话条理性的角度，提供了一种全新的沟通方法，请好好利用它，然后找出顾客隐藏性的需求，进行针对性的解说，并提供有效的解决方案，这样做，自然可以快速引起顾客的购买动机，赢得订单。

在销售过程中，最能打动对方的是提出问题的方法，询问他、了解他的真实需求，并全力满足他。提出问题的方法有以下五种：

其一，要了解对方需求，要先了解对方背景。

想要先了解对方的背景，可以经由以下途径去做功课：

判断他的职业或专业方向；

判断购买能力高低；

判断购买意愿高低；

判断角色个性。

其二，通过询问、聆听和思考来了解顾客需求。

首先可以经由询问来了解需求，询问一定要结合实例，而且这个问题点最好是切中重点。各品牌都有一定的功能，若发现功能不如别人家的强大，奉劝你就别问了。其次是聆听，交流中，聆听比自己说话要重要得多，只有通过聆听才能了解对方的真实意图，让你说出口的话具有说服力。聆听时最好就像在听父母、主管、老师讲话一样，专注地向对方传递一种信息：我想听你说话，我尊重并且关注你。

此外，对方讲话时不要打断，适时给予鼓励和恭维，这样一来，对方才会愿意告诉你更多。在进行沟通时，要好好思考对方说的话，如此才能真正了解他的需求。

有些人对问题的了解很有限，可能无法准确说出他们的需求，在这种情况下，你更应该依照目前所观察到的线索，以及对方的说辞来进一步确认；有时候，客户表面上所描述

别猜了，顾客的需求是问出来的

的要求不一定是真心话，你一定要好好观察和仔细聆听并思考，方可逐步了解他的真正意图。

其三，搞清楚行为的5W和1H。

有时候，观察一个人的行为比听他说什么还要重要，必须搞清楚对方行为里表现出来的五个W和一个H：什么事（What）、谁（Who）、哪里（Where）、何时（When）、为什么（Why）、如何（How）。

其四，了解对方希望得到什么体验。

谈判是否成功，取决于是否满足了对方的需求并让他感动，谈判前最好能预先想清楚，你觉得他会希望获得何种体验。

其五，要帮助对方了解他的需求。

对销售高手而言，价格绝对不是决定业绩的制胜关键，真正的关键在于，是否迅速掌握顾客的需求价位，能让顾客看到最好的产品，提供平实且中肯的商品信息与各种辅助建议，再让顾客有时间考虑自己究竟要什么，让他们自行决定。

同理，一个善于解决问题的沟通高手通常在了解对方真正需求后，接下来就是要帮助对方得其所欲，借以掳获其心。

信任才能让询问发挥功效

人们通常不喜欢只顾着谈论自己产品,而根本不关心消费者需求的业务员,如何让对方信赖你,正是沟通过程中你应该尽力去解决的问题。凡事利他即是利己,尽可能让对方感受到你的真诚,如此一来,有什么问题是你无法沟通的呢?

我通常会利用以下八个问题,帮助自己找到客户并且确定这四件事实——问题、需求、预算、财务状况:

你能描述一下当时的具体情况吗?

你能谈一下你的目标、希望、要求吗?

你之前都是如何选购XXX产品?

你对质量、功能、价格、服务、价值的定义是什么呢?

你为什么觉得这个质量、功能、价格、服务、价值很重要呢?

如果我……你会不会………

让我们进一步确定细节,你决定要……

待这些问题解决以后,将会给你带来什么好处?

客户一般都愿意谈论自己的困难和问题,尤其面对一个理解其业务,拥有共同语言的专业顾问就更棒了。

"问十遍,成交九次"的关键

向客户解说产品前,记得先厘清对方的需求,你必须通过询问,让他们自己对你敞开心扉,说出目前的状况并确认需求,这样一来就容易进行推销了。

想拥有百分之百令人心服口服的结果,必须完全掌握顾客真正的需求。

如何掌握顾客真正的需求?最好的方法就是"询问"。你可以在和顾客的对话中有效地提出问题,刺激客户心理,让他说出真心话。

成功询问的重点不在于你提的问题够不够多,而是我们没有问对问题。那么该如何聪明地发问呢?你可以利用状况询问法、问题询问法和暗示询问法来帮你成功地了解客户的需求。

状况询问法

在日常生活中,我们经常会向周遭的人提出这样的问题:"你常骑自行车吗?""你在哪里工作?""你有喝下午茶的习惯吗?"等,这些提问都是为了更了解对方目前的状况。这种提问方法就称为"状况询问法"。当你对顾客进行状况询问时,自然要询问与销售商品有关的主题。例如"你的工厂有使用节电设备吗?""您目前有进行财务规划吗?"等。

进行状况询问的目的就是通过询问,了解顾客目前的实际状况及可能的心理状况。

问题询问法

当你获得顾客事实状况及可能的心理状况后,为了探求顾客对现状不平、不满、焦虑及抱怨的状况,这时你所提出的问题,无非就是探求顾客潜在需求。例如:

"你现在有进行什么投资项目?"(状况询问)

"购买未上市股票。"

"买进后脱手没?"(状况询问)

● "问十遍,成交九次"的关键

"没!"

"现在行情怎么样?是不是发现了不对劲的地方?"(问题询问)

"嗯!现在很难卖出去了,要卖的人多到不行,想降价卖,卖都卖不动,实在伤透脑筋!"

从上面这个简单的例子我们可以看出,经由问题询问,可以帮我们找出顾客不满意的地方,知道顾客有不满意之处,就有机会知道顾客的潜在需求了。

暗示询问法

当你发现顾客的潜在需求后,即可用暗示的问法,针对客户心中不平、不满意的地方,提供有效的解决方案。这种询问方法就叫"暗示询问法"。举例:

"我们的保险投资保单,投资非常简单,只要想要现金运用,提出申请,3小时内就能拿到现金,你认为怎么样?"(暗示询问法)

"早就想买保险投资保单了,只是一时下不了决心。"

因此,要销售成功,你一定要灵活应用以上三种询问方法。

你如果能熟练地交互使用以上三种询问方法，顾客肯定能在你合理的引导和提醒后，不知不觉地说出其潜在需求。而待顾客说明其潜在需求后，你便可自信坚定地向他展示产品并说明，换言之，这时的你确实能够满足顾客需求了。

建议别一次买太多

业务员介绍完商品信息之后，通常会再顺带问问顾客有没有其他要求，当客户表示基本上算满意时，你应该趁机建议他买单，通过积极的口吻，搭配主动大胆的描述，再次激化买下该样商品将带来的好处和价值。

但要注意的是：不要过度催促，只需建议一次即可。

因为建议对方购买的次数若太多，容易引起反感，产生相反效果。因为客户若在你首次建议后没有动静，那一定有其他原因存在，此时，你应该要进一步了解顾客还有哪些顾虑或新的想法。比如你可以这样说：你觉得还有其他问题吗？还需要了解哪些方面的信息？

如果是推销经验不够的菜鸟，根本不知道顾客在想什么，只能单纯地从对方说出来的话去做粗浅的猜测，这时所提出的建议通常缺乏针对性，内容讲得牛头不对马嘴，更加突显自己不专业，很容易遭到消费者的白眼。因此，与其准备再周延、话术再专业，都不如和客户多聊天，抽丝剥茧地了解客户真正感受。要帮助客户确认自己的需求，引导他信任你所提供的建议及解决方法。

与其会说，不如会问

通过询问既可探寻顾客需求和购买意愿，更能引发质量兼具的响应，甚至打动顾客的心，带来正面的效果。但不讲究询问的方法和技巧，不但容易引起对方反感，还会弄巧成拙，白费功夫。所以，提问时一定要把握时机，掌握询问技巧，才是上策。

九种询问技巧大公开

业务员在发问时，最烦恼的地方就是不知道怎么问才能问得漂亮！以下提供几个重要的技巧，让大家平常可以多多练习。

1. 先确认你的"问题"。做足准备工夫,得到的答案肯定比较精准和有用。已知道的又何必再问?要问不知道的地方,至于如何找出问题的重点,则问得愈快愈好。

2. 从周边相关事物问起。与其单刀直入地问:"你有没有更换现在产品的需求?"还不如说:"贵公司最近有提升生产效率的活动,形势大好,不知道今年会不会积极投资在新设备上?"更让人易于接受。

3. 问题要具体。若太广泛,很难得到有价值的答案。尽量问你所关心的具体内容。

4. 每次只提一个问题。问题问对了,才能发现对方的真正需求、问题和期望之所在。

5. 要问强项,不要问弱项。请针对产品独到的"优点和卖点"发问,不如人的部分就别问了。

6. 询问顾客关心的事。顾客关心自身利益更看重感觉。你可以通过询问顾客最关心的事情来营造良好的感觉,这样才能得到真正的答案。

7. 以"口语鼓励"来追问。如果对方答非所问或回答不出你想要的答案,切忌马上提出另一个毫不相干的问题,继续往下追问才对,但要避免给人一种法官在审案的感觉。你

● "问十遍，成交九次"的关键

可以这样问："我不是很了解这件事，能否请你再多说一点？""那之后又发生了什么事情呢？"鼓励对方主动厘清问题症结。

8. 发问时的谦逊态度，提高对方回答的质与量。傲慢无礼地询问，姿态高高在上，活像是警察在审问犯人，容易让对方感觉到受污辱或侵犯，回答意愿自然不会高。谦虚的态度可激发对方回话的意愿，收获最大的还是自己。

9. 询问时要因人而异。你必须要因人、因状况，并结合自身情况，选择适合自己的方法来进行有效的提问。对于怀有强烈虚荣心的人，进行请教式提问；对于感情丰富、性格外向的人，则采取主动性的建议式提问；若对方总是采取肯定的语气说话，那你不妨改用肯定式提问法来应对。

超级业务员常见的十大问题

当你问对问题，业绩就能当红不让。销售的艺术就是问对问题，下列就是超级业务员最常问的十大题库。

这个问题的出发点是什么？

可否请你说明需求难处、期望？

可不可以请你解释得更详细一点？

对于我的解说、简报，你有什么感觉？

我要怎么配合，才能对你要求的事情帮上忙？

你是基于什么样的考虑提出这种要求？

这件事情未如我们预期的顺利，其中的原因是什么？

我们能做什么样的改变，让事情更顺利地进行？

我们期待的最终结果是什么？

如何知道自己已经达到目的？

记住：问对问题，掌握好时间节奏，你就找到了一半的答案。

先问出反对意见，再说服客户

顾客有反对意见不代表他不会买单，充其量只能说对方一定还有不满意的地方，反对和疑惑正好表示我们并未恰当地讨论反对意见。

有一天，忙里偷闲，我走进一间卖电视的 3C 店，在一台 4K 电视前停了下来，瞧了两分钟。这时，有一个偷偷观察我的销售人员，看见我似乎对 4K 电视很感兴趣，于是立刻凑近并口若悬河地对我说："这台 55 寸的 4K 电视，特别适合大平数的客厅，音响效果特别好，基本上就是充满临场震撼感。加上画面清晰，就算隔五十米远都还能看到毛细孔，对眼睛刺激很小，特别适合小孩子看……"当时，我第一个反应就是驳斥！因为我家客厅小到连个饭桌都摆不下，怎么可能放这么大台的电视机？加上孩子都已经长大，并未住在家里，我考虑孩子的眼睛干吗？所以到最后，我并没有买……

每天和客户交流互动，经常听到顾客提出各式各样的反对意见和异议。例如产品速度慢、外观不漂亮、价格太贵、手边没有预算，或是我已经决定选择其他品牌，等等。根据统计，业务员每达成一笔生意，平均要接受179次的反对意见，由此可见，顾客异议其实是常态。

顾客持反对意见是正常现象，正所谓"嫌货的才是买货人"，只要处理得当，反而是成交的一大转机，反之，若处理不当，则可能让你赔了夫人又折兵。

推销就是排除客户心中的疑虑

推销过程中，最重要的是协助客户克服拒绝的心理。推销便是通过沟通来说服顾客点头买单的过程。

美国寿险推销大王法兰克·贝格通过与顾客面谈的五千次记录中，成功找出顾客不买单的原因，他发现：有百分之三十八的客户会诚实说出拒买的原因，而有百分之六十二的顾客，他们一开始所说的原因，往往不是真的。首先，我们来研究一下，潜在顾客在购买前，为何总是要像少女一样欲迎还拒，犹抱琵琶半遮面呢？

根据实证研究得知，人们都喜欢购买，他们之所以会有消费行为，就是为了享受问题解决后的愉快感受。当你从潜

● 先问出反对意见，再说服客户

在顾客口中听到各种拒买借口、理由时，千万别信以为真。其实他的弦外之音正在告诉你：我不认为我买到的东西是物超所值的。

所以，诚心建议你千万别因此做出错误行为和态度，千万要沉住气：

被气得火冒三丈，当场发飙。
被削两句，就深觉尊严扫地。
被驳斥而怒目相视。
被嫌不佳而争得面红耳赤。
被问倒而垂头丧气。
被拖延而焦虑不安。

你若希望得到所要的结果，轻松完成交易，那你必须找出潜在顾客每句话背后的真正含意。例如不喜欢业务员、想再比比价、对商品没信心……只要你说对话、做对事，潜在顾客肯定会愉快地掏钱买单的。总之，在遇到反对意见时，千万要沉住气，用心去感受对方的话中玄机。

响应反对意见的技巧

当潜在客户提出拒买理由时,你应该运用什么方法应对?

首先我们要知道,问题的根源都在于沟通时的良好应对能力。据说在美国经济大萧条时,有一个叫彼得的年轻人向零售商推销牛奶巧克力,刚开始时虽然挫折连连,但他后来却成为一位顶级销售员。

据说彼得努力做陌生拜访,使出浑身解数推销,但却连一颗巧克力也卖不掉,难过之余,他决心要找出破解方法。首先,他闭关研究零售商拒买的各种理由,五天后,彼得收集到36个理由并加以分析、整理,十天后,他买了一些空白卡纸,开始打字……

三天后,彼得东山再起,他去拜访当地最大的零售商大卫,见面后,他把36张卡纸,摊在大卫面前。

他向大卫说:"看!这里有36个让你可以拒绝我的理由,请选出一张。"大卫微微一笑,拿起了一张。"请翻过来看一看!"彼得说,于是大卫就将卡片翻过来。

原来卡片的另一面,写了回答反对意见的解答,文字简洁扼要却极具说服力。大卫在看完每张卡片的问题和解答后

• 先问出反对意见，再说服客户

感到非常满意，频频点头，最后，他向彼得订了一大批巧克力。

彼得处理顾客的反对意见，看起来似乎很轻而易举，但其实要想到就不容易。许多业务员在面对顾客的异议时总是表现得非常忧心、不知所措。如何有效处理顾客异议？只要你熟悉以下六项处理异议的技巧，定能让你面对客户时更有自信与说服力。

想法决定方法

金克拉在《完全交易的秘诀》一书中谆谆告诫业务员："不要被潜在客户所提出的难以应付的问题或反对意见给吓着了。必须要保持冷静，你如果不能保持冷静，沟通交流势将落空。"因此，不要害怕，保持冷静，接受拒绝。

1. 表示欢迎的态度。愈难缠的对手往往才是最棒的老师。沟通对象愈难缠，他愈是个好老师，障碍愈多，愈能增进你进一步说服对方的态度和能耐。我们应该对任何拒绝表示欢迎的态度。

2. 心理转换技巧。这是一种分解与稀释潜在成交反对的绝妙手法，在不碰触对方的防卫系统下，利用抽离技巧，转

移对方的抗拒意识,通过理性的说服,引爆他想要的欲望,提高购买欲。

3. 要换位思考。反对意见往往是成交的前奏,勇敢接受拒绝并换位思考,才有机会成交;挖掘藏在拒绝背后的隐情,厘清目标。

4. 委婉感性处理。有时转换一种说法并表达同一阵线会使问题较容易回答。例如:

重复一遍对方意见。在没考虑好怎么答复客户的反对意见时,不妨先用委婉的语气重复对方的反对意见,借以削弱对方的气势。

认真倾听表示认同和肯定。养成倾听的好习惯,当潜在客户拒绝时,你就表现出很仔细、很诚恳听取意见的模样,而且频频点头,重述与支持对方的论点,让潜在客户知道你了解他们的感觉。

表达你和对方在同一阵线。你也可以向客户表示你重视、关心、了解他们,并以伙伴、顾问的角色和他们共同站在同一阵线,一起寻求最佳的解决方法,赢得信任和肯定。

● 先问出反对意见,再说服客户

记住:任何时候都不要与对方争论。

5. 提出证据来理性说服。

理性说服前先问问对方:"你确定是真的不需要,还是不想要?"在没有确认任何反对意见前,直接回答客户的反对意见,常会引出更多争议,自寻烦恼。有效应对方法是:

找出解决方案。你要针对问题,提出解决方案。你的解释必须有说服力,你的方案必须可行,符合逻辑,值得信任。

协助对方克服担忧和恐惧。合伙做生意最怕损失金钱,倘若手里只有一百元,那就不能花两百元,既怕上当受骗,又怕负担不起,而克服这些恐惧症的良方就是专业,最好是白纸黑字提出事实和证据,让他知道物超所值。另外,其他合作伙伴的口碑,也是好办法。

要双管齐下。处理拒绝,记得同时做好两件事:提出明确的证明以及为对方创造更多价值,借此提升你的说服力。如果对方的反对意见的确切中产品或服务中的问题和缺陷,那你千万不能回避或直接否定。最明智的办法是运用"以优补劣法",先肯定然后淡化处理,利用产品的优点、强项来补偿,甚至抵消这些缺点。此举有利于平衡对方的心理,增

强消费信心。

以上种种作为,都是面对拒绝后仍应抱持热忱、助人、鼓励的态度,这些态度会激起对方认同的内在推动力,促使对方认同你的作为,产生购买欲望和行动。当你发现潜在客户已经化敌为友,只要开口请求,一定会事半功倍。

"不怕失败"是日本推销专家二见道夫的更高层次的一种主张。我们每天都可以目睹到许多千真万确的事实:在表扬大会上夺标摘金,尽享尊崇与荣耀的人,无一不是勇于战胜拒绝的精英分子,他们与平凡者最显著的差别就在于不怕失败,勇于接受挑战。

如何轻松扭转颓势

正所谓"失败为成功之母",客户的拒绝肯定是能够帮助你驶向成功彼岸的良师益友。你无须因对方的拒绝而给自己太大的压力,也不必刻意想克服所有的反对意见。因为无知的人经常会说出让你啼笑皆非的反对意见,甚至可能还是无解的问题,所以别过分杞人忧天,只要谨慎小心,善用以

● 先问出反对意见，再说服客户

下六个说"不"的回应魔法，就有机会扭转颓势，再次让对方说 Yes！

1. 不争辩。切忌出现争辩性的举动。不要对任何拒绝言词产生过度反应，跟你想说服的客户发生争辩，是销售最大的败笔。

2. 不轻蔑。不可自以为是行家高手，露出夜郎自大的表情，你只要不小心露出一丝轻蔑对方的表情，恐怕会立即引发对方不悦，前功尽弃。

3. 不厌烦。要凝神倾听对方的弦外之音，即使感到厌烦，也绝对不可露出"我听多了！我已经知道了！"的表情和脸色。

4. 不插嘴。当对方存心挑剔找碴，或者一连说出几个不想买的理由，即使全是胡说八道、臆测或道听途说，你也切莫心急，不要随意插话，最好耐住性子听他说完，若不得已非得插嘴不可，也应随时注意对方的反应。

5. 不责难。潜在客户的思想、见解也许有违常理。但他本身绝对不会认为自己有错，因此，切忌责难对方，必须说之以理，赢得认同和好感才是成功之道。若对方误解很深，也千万别直接拆穿，应该心平气和地说："你的见解固然不错……但若换个角度看看……"直到对方心服口服为止。

6. 不树敌。纵然意见相左,也千万不可表现出敌意,应该将欢迎、敬爱对方的心情表现在行为举止上。本杰明·富兰克林曾告诫世人:"不要与人发生正面冲突。"只要不冲突,化解反对意见将会简单许多。

推销沟通时面对顾客的反对意见不一而足,处理的办法也千差万别,一定要因时、因地、因人、因事而采取不同的办法应对。

成功处理反对意见,你要保有冷静、沉稳的平常心,唯有冷静、沉稳才能辨别顾客反对意见的真假,发现对方真正的需求,然后把反对意见转换成另一个成交机会。因此,你除了必须磨炼说话技巧,也要培养自己面对客户异议时,保持冷静、沉稳的平常心。

回答顾客的难题,需要软磨硬泡的耐心

展现软磨硬泡的好功夫,需要有良好的心理素质做基础,培养不怕丢脸、不怕被拒绝的性格。

有一回,我去拜访某一家诊所的陈院长,院长与我见面寒暄后的第一句话就说:"年轻人,你可以回去了,我今天心情恶劣,少来烦我,光是今天,我已经赶走了八位业务员了!你走吧……"

"我知道,你的心情很平和,你的气已消了。"我点头微笑接着说:"我就是那第八个业务人员,让我来告诉你如何利用这项商品为你的诊所大幅增加营业额吧!"当时,我拒绝被"拒绝",再以软磨硬泡,努力交流,十五分钟后,我拿到订单了。

做生意,从事业务工作,过程虽然起起伏伏,时好时坏,但是我们要随时记得:生机,往往会在绝境中出现!遇事时只要再软磨硬泡一下,大好机会往往就会再次出现。

软磨硬泡是一种强力武器

所谓"滴水穿石",就算是看似毫无杀伤力的水,也能通过时间,一点一滴地穿透顽强的石头,曾有人说,女人的温柔最令人难忘,所以同理可证,在追求心仪的女子身上,软磨硬泡同样是一门功夫。

沟通是每位业务员终其一生必修的功课,也是必须缓步成长的过程,你需要按部就班地吸引对方的兴趣,打动对方,吸引对方愿意去了解,软硬兼施,设法让对方站到你这边来。

在商业销售行为上,欠缺实用性或单价过高的商品,挑战性通常最高,比如艺术品交易,特别是在面对那些很有钱,对你的产品并无强烈需求的客户们,你必须从一见面的精彩寒暄开始应战,犹如请对方坐下来品茗一般,要靠着软磨硬泡的耐心来说服,才有机会把本无需求的客户变成有需求的一群。

到底要如何展现"软磨硬泡"的好功夫?首先需要有良好的心理素质作为基础,具备不怕丢脸,不怕被拒绝,不怕失败的性格,同时,在进行沟通交流时,更忌讳露出猴急的模样。其次,心态一定要摆正,厘清自己与对方之间的关系,脸不红，气不喘，用和缓的手段并适当拖延来进行沟通，待一段时间后，对方自然会因为经不住你的软磨硬泡，改变初衷，放弃原本坚守的原则。

百忍成金，造就成功者

胡适先生说过：要怎样收获，便要怎样栽。软磨硬泡就是一种撒种、耕耘、除草、耐心等候收成的过程。你需要明白，在抢客户、抢地盘、抢生意甚至争取对象的过程中一定要勇于冒险与付出，虽说必会遭受数不清的刁难或碰壁，但只要软磨硬泡，锲而不舍，成功就在不远处，正所谓"棚下站久了就是你的"。

然而当你决心扬帆远航，虽然值得庆贺，但前途肯定无人敢保证就此一帆风顺，毕竟在海上等待你的，将是乌云密布和无休止的狂风骇浪，懦夫通常选择打道回府，只有敢于冒险和坚持到最后一秒的人，才会毅然前行，最终到达彼岸。

笔者列出软磨硬泡，坚持到最后一秒钟的四个方法，帮你培养良好的百忍功夫，在扬帆远航的沟通旅程中毅然前行，最终到达彼岸，享受成功说服他人的快乐。

1. 别小看自己，给自己打气。碰到反对时不要太担忧，告诉自己：最后一刻到了，距离成功已不远！只要有信心，就能够逢凶化吉，转危为安。

2. 想象满载而归的画面。开始说服之前一定先替自己加油、打气，告诉自己：我满怀信心！绝不服输！一定能满载而归！然后集中精神想象洽谈成功后的美好景象，这时，你自然能够充满自信地出现在对方面前。

3. 要有足够的耐心做基底。耐心是软磨硬泡的前提和基础，当沟通受阻出现僵局时，人们的直接反应通常是烦躁、失意、恼火甚至发怒，然而这无助于解决事情，你要理性地控制自己，尽力忍耐。

4. 做好东山再起的计划。从每次不顺中检讨和反省，汲取教训，重新出发时，要清理头绪，另谋良策，必要时调整方向并妥善规划行动步骤，谋定而后动，困局最后必将迎刃而解！

成功需要软磨硬泡和累积

有一天，俄罗斯的著名作家克雷洛夫正在大街上行走，

• 回答顾客的难题，需要软磨硬泡的耐心

一个年轻的农民拦住他，向他兜售苹果："先生，请你买些苹果吧，但我要告诉你，这苹果有点酸，因为我是第一次学种苹果树。"年轻的农民很笨拙地说着。因为克雷洛夫对这个憨厚、诚实的农民产生好感，于是买了几个苹果，然后回答他："小伙子，别灰心，只要努力，以后种的果子就会慢慢地甜起来的，因为我种的第一个果子也是酸的。"

年轻的农民听了之后很高兴，问："你也种过果树？"克雷洛夫笑着解释说："我的第一个苹果是我写的一个剧本，可是这个剧本直到现在也没有一个剧院愿意上演。"

与克雷洛夫的写作命运相似，海明威最初寄出的几十个短篇全都被退了回来，莫泊桑直到三十岁才发表第一篇作品。其实，我们所种的第一个果子常常是酸的，但只要你有耐心，坚持下去，自然能够收获甘甜的果实。

擅长软磨硬泡的人才能获胜

如果你参观过开罗博物馆，你会看到从图坦卡蒙法老王墓挖出来的令人目不暇接的宝藏。庞大建筑物的二楼，存放的都是灿烂夺目的宝藏：黄金、珍贵的珠宝、饰品、大理石

容器、战车、象牙与黄金棺木,巧夺天工的工艺至今无人能及。可是,如果不是当初霍华德·卡特的坚持,决定再多挖一天,这些不可思议的宝藏也许至今仍在地下不见天日。

一九二二年的冬天,卡特几乎放弃了可以找到年轻法老坟墓的希望,他的赞助者即将取消赞助。

卡特在自传中写道:"这将是我们待在山谷中的最后一季,我们已经挖掘了整整六季,却始终一无所获。我们一鼓作气工作了好几个月却没有发现什么,只有挖掘者才能体会这种彻底的绝望……我们几乎已认定自己被打败了,准备离开山谷到别的地方去碰碰运气。然而,要不是我们最后垂死的一锤努力,我们永远也不会发现这座超乎预期及想象的宝藏。"

成败关键在谁软磨硬泡比较久

其实,成功与失败的差距往往只有一步之遥。很多时候,我们不肯迈出最后那一步,是因为前面大部分的困难已使人疲惫不堪,这时若再遇上一个微小的障碍就会让我们难以支撑,前功尽弃。同样的,只要咬紧牙关,再坚持一下,胜利就近在眼前了。

- 回答顾客的难题,需要软磨硬泡的耐心

据了解,百分之八十的顾客很含蓄,有心机,不会主动开口购买,但是心中期待你求他,所以,不要让他们失望,尽管你坚持到最后阶段,却只得到一个斩钉截铁、清清楚楚的"不"字,你仍要激励自己,不要轻易打退堂鼓,还是要软磨硬泡,热情地、不断地请求成交,直到成功为止。

要知道耐心是一种具备高尚特质的人性,许多成功者与失败者的区别,往往不是机遇或是否拥有聪明的头脑,而是成功者多了一份软磨硬泡的功夫,比旁人多坚持了一刻、一天甚至是一年,你要明白,往往就是那软磨硬泡、再多努力一下的态度,让你赢得了更好的结果,以及别人给予我们的好感与尊重。

销售佳绩的必修课：一流的口才

发生在成功人物身上的奇迹，有一半是由口才创造的。

为什么推销同样的产品与服务，有人成绩总是独占鳌头，有人却始终吊车尾？

决定成败的因素很多，积极心态很重要，良好口碑很重要，行动力很重要，优质服务也很重要，但能够脱颖而出的高手，通常属于说话持论公允、言中有物、言之有情、言之有文且行止异于常人者，懂得借由出色的口才，达到"不战而屈人之兵"的效果，简单地说，口才正是赢得成功的另一个关键因素。

口才是业务必修的重要科目。因为自我推销需要口才，介绍产品需要口才，简报数据需要口才，商业谈判需要口才，处理抱怨需要口才，化解矛盾更需要口才。

提升口才技术的内涵、素质

"三寸不烂之舌,胜于百万之师",此言全然道出了口才的重要性,但口才并非天赋,它是靠刻苦训练得来的。世上一切口若悬河、能言善辩的演讲家、雄辩家、企业家和业务高手,无一不是靠着刻苦训练而左右逢源、无往不利,获得成功。

洽谈业务被拒绝是因为一张拙嘴说出来的;业务成功是一张巧嘴说出来的。你可以通过以下方法,刻苦训练出巧嘴的内涵和素质。至于如何成为口若悬河的人?方法有两个,第一个是:埋头苦练,用数年的时间摸索出演说成功的方法;第二个是:向成功人士取经,复制他们的成功经验与模式。

你用三个月的时间,跟五位有十年演说成功经验的大师学习,三个月就拥有了五十年的经验。各位你感觉哪一个方法更好、更快?当然是跟大师学习会更好、更快了。

跟律师学口才

美国前总统林肯为了训练口才,徒步三十英里,来到一

个法院聆听律师们的辩护证词,研究他们如何论辩、做手势,他一边倾听,一边模仿他们的口吻。

他还去教堂观察那些云游八方的福音传教士,看他们挥舞手臂、声震长空的布道方式,回来后马上依样画葫芦地练习。此外,林肯甚至曾经对着树木、树桩以及成行的玉米练习如何说话。

学习节目主持人的声音魅力

找出一个自己最佩服的广播或电视节目主持人,每天听他的节目,模仿他说话时的声音语调、抑扬顿挫、用字遣词、结构逻辑,也可以把节目录下来,利用等车和走路的时候不断练习。

汇整出成功演说的技巧

每个人的特色跟风格不同,找机会多多观摩业务高手怎么说话,或是多去听名人的演讲,好的学起来,坏的不要犯,加上勤奋、思考和学习,总结出演说的技巧和原则,自然会有一些东西逐渐内化变成你的内涵和素质。

提升口才能力的三个途径

敢说话,能说话,少说话,是训练好口才的三个基本环节,以下是我培养口语表达能力的经验:

一、靠平时的辛苦训练

二十岁之前的我并不爱说话,口才很差,后来则是靠平时的艰苦训练,方才练就了今天的非凡口才。我每天至少用十分钟的时间来大声朗诵和讲话。过去,口才欠佳的我为了提升口语表达能力,方法很简单,就是跑到附近的山上,找一处僻静的地方,把一面镜子挂在树枝上,对着镜子练习演讲,从镜子中观察自己的表情和动作,经过三个月这样的刻苦训练,我终于掌握了高超的演讲艺术和技巧,后来才有机会成为一名演说高手。

当然你可以对着镜子练习说话和大声地朗诵,也可以背诵大量的著名演讲词,借此锻炼口才。

一有时间就到空旷的地方,拿出事先准备好的演讲稿大

声朗诵,想象你正在面对一大群的听众,当然,你若能把演讲稿全部记住,脱稿演出那就更棒了。

二、每天分享一个文章、故事

打从 27 岁起,我开始练习投稿赚钱,不久后集结成书,赚到人生第一个一百万,之后,我陆续在平面媒体投稿和写书,目前共计写了 60 本,从中磨炼我的口语能力,目前因为有了微博,我每天至少和三个人积极分享一篇文章或一个故事,此举大大增强了我的口语表达能力。

我每天起床就从网络、杂志、报纸社论中找出一篇好文章或感人故事,想象自己就是那个声音优美,言之有物的主持人,然后开始对着镜子,试着用自己的话,把刚才阅读的重点说出来。然后,每天至少和三个人积极分享彼此的经验、见解或信息,与同事一起吃午饭时,也会与大家分享今天读到的文章或故事,晚餐时则与另一个朋友分享,回家后再和家人分享一次,就这样,一个故事或好的观念,我在短短一天之内就至少重复练习了三次……

三、积极掌握公开说话的机会

其实训练口才,再多的阅读、聆听或记忆,也远远比不上持续的实战练习,因此,每当我参加公司月会时,一逮到机会我就主动说出自己的看法,在课堂上,一有机会就主动分享心得,每周一定去参加读书会,或去听听别人的演讲,甚至大胆提问。

当然,最有效的方法还是直接上演讲台,多讲几次,口才就会更上一层楼!以前没机会踏上讲台,所以我毛遂自荐,方法就是脸皮厚一点,自制个人履历,主动打电话联系一些社团、学校与机关,表达我愿意免费去办一场简短的演讲。

千万不要以为这是缘木求鱼,当他们找不到理想的主讲人时,没鱼虾也好,但你出线的概率就很大。我深信只要抓住机会站上舞台,借机进行口才训练,早晚你也能够成为舌灿莲花和滔滔不绝的人。

你同意吗?

避免自我设限的心态

有人问我:"做业务,怎样才能让顾客下单?"我直截了当地说:"有三个方法:第一是人家不敢做的,你先做;第二是人家不敢秀的,你先秀;第三也是最重要的是人家不敢开口的,你先开口。"

许多人听完后回答我说:"我没料,我年轻,我不敢啊!"其实,这些人就是犯了自我设限的毛病。如何避免自我设限?我的看法是:重建无所畏惧的心态,凡事不要先预设立场,不要担心你缺少提供别人卓越服务的能力。正所谓"你唯一的限制,就是你自己在脑海中所设定的那个限制"。拿破仑·希尔如是说。

总之,多运用"相信法则",抛开负面思维。我经常勉励销售人员,取得订单就像谈恋爱,要勇敢表白,才有机会抱得美人归。同时,懂得发问的人比较容易取得话语主控权,可以更快了解对方所求所想,并且做出回应,借此缩短彼此猜测与沟通的时间,只答不问的沟通方式是绝对无法激起对流火花的。

正所谓"看法决定一切",只要愿意改变看法,工作和绩效就会随之改变。我认识一位年薪五百万元的房屋中介达人，他一针见血地指出："一个业务人员成不成功，关键不在他懂得多少售屋技巧，而是他能否成为一个有自信心，欣赏且满意自己的人。"

他一再强调，纵然没有亮丽的外貌，只要知道如何运用"相信法则"，就可以让你抛开负面思维，激发出大胆、热情的潜力，展现开口请求生意的胆识和魄力。

排除自我设限的方法

做生意时该如何增加胆识？关键之一便是时刻保持开口请求的企图心。善于沟通者，有时并不需要超级舌灿莲花的口才，而是先排除自我设限的毛病，追求好的结果，全力以赴！

每个人都有自我设限的时候，但是你要敢于去摧毁自己所设定的障碍。我认为可以利用以下方法，循序渐进地排除自我设限的想法，增强你的胆识：

1. 排除思想和行动力的惰性。因为惰性会让我们放不开手脚去冒险，长期下来变得不敢尝试，影响一个人的斗志和命运。

2. 你必须设定目标和定位。相信自己所从事的工作是有益且神圣的，并且相信自己有能力完成目标。

3. 不断提升自己的综合条件和素质。这样才不会害怕，有信心去面对不同的客户和各种状况和问题。

4. 让脸皮变得更厚一点。想达到目标就要脸皮厚，才敢及时开口要求。脸皮若不够厚，那就不好意思开口，这样的结果好似缘木求鱼，结局当然不会好。

5. 要把握成交的良机。达到成交其实很简单，只要你让对方告诉你截止日，那就成功了一半。要明白良机稍纵即逝，当遇到谈判对象发出妥协信号，记得赶快回答对方的提问，若无新的异议或其他竞争对手出现，二话不说，直接开口争取你想要的结果！

√ 这样做就对了！

1. 经由当面沟通来判断他的职业，购买能力高低，购买意愿高低，角色个性。

2. 你要配合对方说话的方式、速度、兴致和节奏来点头响应。

3.待顾客回答后,你要重复对方说过的话,让他觉得"这个人在听我说话",并让对方知道自己所说的话的确是对的。

√ 这样做就对了!

1.帮顾客挑选最适合他的东西!我们不是想卖东西给顾客,而是顾客有需要,我们帮他挑选最适合且物超所值的东西!

2.顾客回答时要用心倾听,尽量不要打断对方,保持眼神接触,点头表示赞同。

3.每次只问一个问题,想清楚再问,避免给人连番轰炸的感觉。

√ 这样做就对了!

1.利用"是的……如果"的句型表达不同意见。用"是的"同意客户部分的意见,用"如果"表达另外一种状况,这样就比较好。

2.如果能以正确的数据、文书和证据佐证你的说法,客户会很容易接受，更有信任感。

3.不要开门见山地反驳顾客。这样只会让他恼羞成怒，就算你是对的也没有恶意，但还是会引起顾客反感。

√ 这样做就对了！

1.跌倒后马上站起来，继续行动，不泄气、不失志，继续奋战下去，需明白："山高，人更高；路长，腿更长！"

2.懂得在软磨硬泡中适时表达赞美来攻心。

3.如果你第一次失败了，那请再尝试一次。如果第二次又失败，不妨研究一下失败的原因。如果你第三次还是失败，那么，可能是你目标定得太高了，不妨试着降低标准看看。

√ 这样做就对了！

1.沟通是一种谋略、胆识、战术、计谋和技巧，和别人沟通时，成功的窍门就是找机会开口请求，千万不要害羞、胆怯，如果你害怕失败，那就趁早结束对话吧。

2.说服别人之前,你要相信自己你有说服对方点头的能力。你可以先在心中认定双方沟通,绝对会达成协议,认定对方同意签约是理所当然的结果。

3.沟通时要表现出无所畏惧的样子,千万不要表现出生涩、胆怯、优柔寡断、唯唯诺诺,甚至被拒绝的矬样。